Heinrich Heine

Ludwig Börne

Eine Denkschrift

Heinrich Heine: Ludwig Börne. Eine Denkschrift

Entstanden 1830 und 1839. Erstdruck unter dem Titel »Heinrich Heine über Ludwig Börne«, Hamburg (Hoffmann und Campe) 1839.

Neuausgabe mit einer Biographie des Autors
Herausgegeben von Karl-Maria Guth
Berlin 2017

Der Text dieser Ausgabe folgt:
Heinrich Heine: Werke und Briefe in zehn Bänden. Herausgegeben von Hans Kaufmann, 2. Auflage, Berlin und Weimar: Aufbau, 1972.

Die Paginierung obiger Ausgabe wird hier als Marginalie zeilengenau mitgeführt.

Umschlaggestaltung von Thomas Schultz-Overhage unter Verwendung des Bildes: Heinrich Heine (Gemälde von Moritz Oppenheim, 1831)

Gesetzt aus der Minion Pro, 11 pt

Verlag: Henricus - Edition Deutsche Klassik GmbH
Mörchinger Str. 33, 14169 Berlin, info@henricus-verlag.de
Druck: Libri Plureos GmbH, Friedensallee 273, 22763 Hamburg

Die Ausgaben der Sammlung Hofenberg basieren auf zuverlässigen Textgrundlagen. Die Seitenkonkordanz zu anerkannten Studienausgaben machen Hofenbergtexte auch in wissenschaftlichem Zusammenhang zitierfähig.

ISBN 978-3-7437-0736-8

Bibliografische Information der Deutschen Nationalbibliothek

Die Deutsche Nationalbibliothek verzeichnet diese Publikation in der Deutschen Nationalbibliografie; detaillierte bibliografische Daten sind im Internet über www.dnb.de abrufbar.

Erstes Buch

Es war im Jahr 1815, nach Christi Geburt, daß mir der Name Börne zuerst ans Ohr klang. Ich befand mich mit meinem seligen Vater auf der Frankfurter Messe, wohin er mich mitgenommen, damit ich mich in der Welt einmal umsehe; das sei bildend. Da bot sich mir ein großes Schauspiel. In den sogenannten Hütten, oberhalb der Zeil, sah ich die Wachsfiguren, wilde Tiere, außerordentliche Kunst- und Naturwerke. Auch zeigte mir mein Vater die großen, sowohl christlichen als jüdischen Magazine, worin man die Waren zehn Prozent unter den Fabrikpreis einkauft und man doch immer betrogen wird. Auch das Rathaus, den Römer, ließ er mich sehen, wo die deutschen Kaiser gekauft wurden, zehn Prozent unter den Fabrikpreis. Der Artikel ist am Ende ganz ausgegangen. Einst führte mich mein Vater ins Lesekabinett einer der Δ oder Φ-Logen, wo er oft soupierte, Kaffee trank, Karten spielte und sonstige Freimaurerarbeiten verrichtete. Während ich im Zeitungslesen vertieft lag, flüsterte mir ein junger Mensch, der neben mir saß, leise ins Ohr:

»Das ist der Doktor Börne, welcher gegen die Komödianten schreibt!«

Als ich aufblickte, sah ich einen Mann, der, nach einem Journale suchend, mehrmals im Zimmer sich hin und her bewegte und bald wieder zur Tür hinausging. So kurz auch sein Verweilen, so blieb mir doch das ganze Wesen des Mannes im Gedächtnisse, und noch heute könnte ich ihn mit diplomatischer Treue abkonterfeien. Er trug einen schwarzen Leibrock, der noch ganz neu glänzte, und blendend weiße Wäsche; aber er trug dergleichen nicht wie ein Stutzer, sondern mit einer wohlhabenden Nachlässigkeit, wo nicht gar mit einer verdrießlichen Indifferenz, die hinlänglich bekundete, daß er sich mit dem Knoten der weißen Krawatte nicht lange vor dem Spiegel beschäftigt und daß er den Rock gleich angezogen, sobald ihn der Schneider gebracht, ohne lange zu prüfen, ob er zu eng oder zu weit.

Er schien weder groß noch klein von Gestalt, weder mager noch dick, sein Gesicht war weder rot noch blaß, sondern von einer angeröteten Blässe oder verblaßten Röte, und was sich darin zunächst aussprach, war eine gewisse ablehnende Vornehmheit, ein gewisses dédain, wie man es bei Menschen findet, die sich besser als ihre Stellung fühlen, aber an der Leute Anerkenntnis zweifeln. Es war nicht jene geheime

Majestät, die man auf dem Antlitz eines Königs oder eines Genies, die sich inkognito unter der Menge verborgen halten, entdecken kann; es war vielmehr jener revolutionäre, mehr oder minder titanenhafte Mißmut, den man auf den Gesichtern der Prätendenten jeder Art bemerkt. Sein Auftreten, seine Bewegung, sein Gang hatten etwas Sicheres, Bestimmtes, Charaktervolles. Sind außerordentliche Menschen heimlich umflossen von dem Ausstrahlen ihres Geistes? Ahnet unser Gemüt dergleichen Glorie, die wir mit den Augen des Leibes nicht sehen können? Das moralische Gewitter in einem solchen außerordentlichen Menschen wirkt vielleicht elektrisch auf junge, noch nicht abgestumpfte Gemüter, die ihm nahen, wie das materielle Gewitter auf Katzen wirkt? Ein Funken aus dem Auge des Mannes berührte mich, ich weiß nicht wie, aber ich vergaß nicht diese Berührung und vergaß nie den Doktor Börne, welcher gegen die Komödianten schrieb.

Ja, er war damals Theaterkritiker und übte sich an den Helden der Bretterwelt. Wie mein Universitätsfreund Dieffenbach, als wir in Bonn studierten, überall, wo er einen Hund oder eine Katze erwischte, ihnen gleich die Schwänze abschnitt, aus purer Schneidelust, was wir ihm damals, als die armen Bestien gar entsetzlich heulten, so sehr verargten, später aber ihm gern verziehen, da ihn diese Schneidelust zu dem größten Operateur Deutschlands machte: so hat sich auch Börne zuerst an Komödianten versucht, und manchen jugendlichen Übermut, den er damals beging an den Heigeln, Weidnern, Ursprüngen und dergleichen unschuldigen Tieren, die seitdem ohne Schwänze herumlaufen, muß man ihm zugute halten für die besseren Dienste, die er später als großer politischer Operateur mit seiner gewetzten Kritik zu leisten verstand.

Es war Varnhagen von Ense, welcher etwa zehn Jahre nach dem erwähnten Begegnisse den Namen Börne wieder in meiner Erinnerung heraufrief und mir Aufsätze des Mannes, namentlich in der »Waage« und in den »Zeitschwingen«, zu lesen gab. Der Ton, womit er mir diese Lektüre empfahl, war bedeutsam dringend, und das Lächeln, welches um die Lippen der anwesenden Rahel schwebte, jenes wohlbekannte, rätselhaft wehmütige, vernunftvoll mystische Lächeln, gab der Empfehlung ein noch größeres Gewicht. Rahel schien nicht bloß auf literarischem Wege über Börne unterrichtet zu sein, und wie ich mich erinnere, versicherte sie bei dieser Gelegenheit: es existierten Briefe, die Börne einst an eine geliebte Person gerichtet habe und worin sein leidenschaftlicher hoher Geist sich noch glänzender als in seinen gedruckten Aufsätzen ausspräche. Auch über seinen Stil äußerte sich Rahel, und zwar mit Worten, die jeder, der mit ihrer Sprache nicht vertraut ist, sehr mißverstehen möchte; sie sagte: »Börne kann nicht schreiben, ebensowenig wie ich oder Jean Paul.« Unter Schreiben verstand sie nämlich die ruhige Anordnung, sozusagen die Redaktion der Gedanken, die logische Zusammensetzung der Redeteile, kurz, jene Kunst des Periodenbaues, den sie sowohl bei Goethe wie bei ihrem Gemahl so enthusiastisch bewunderte und worüber wir damals fast täglich die fruchtbarsten Debatten führten. Die heutige Prosa, was ich hier beiläufig bemerken will, ist nicht ohne viel Versuch, Beratung, Widerspruch und Mühe geschaffen worden. Rahel liebte vielleicht Börne um so mehr, da sie ebenfalls zu jenen Autoren gehörte, die, wenn sie gut schreiben sollen, sich immer in einer leidenschaftlichen Anregung, in einem gewissen Geistesrausch befinden müssen: Bacchanten des Gedankens, die dem Gotte mit heiliger Trunkenheit nachtaumeln. Aber bei ihrer Vorliebe für wahlverwandte Naturen hegte sie dennoch die größte Bewunderung für jene besonnenen Bildner des Wortes, die all ihr Denken, Fühlen und Anschauen, abgelöst von der gebärenden Seele, wie einen gegebenen Stoff zu handhaben und gleichsam plastisch darzustellen wissen. Ungleich jener großen Frau, hegte Börne den engsten Widerwillen gegen dergleichen Darstellungsart; in seiner subjektiven Befangenheit begriff er nicht die objektive Freiheit, die goethische Weise, und die künstlerische Form hielt er für Gemütlosigkeit: er glich dem Kinde, welches, ohne den glühenden Sinn einer griechischen Statue zu ahnen, nur die marmornen Formen betastet und über Kälte klagt.

Indem ich hier antizipierend von dem Widerwillen rede, welchen die goethische Darstellungsart in Börne aufregte, lasse ich zugleich erraten, daß die Schreibart des letztern schon damals kein unbedingtes Wohlgefallen bei mir hervorrief. Es ist nicht meines Amtes, die Mängel dieser Schreibweise aufzudecken, auch würde jede Andeutung über das, was mir an diesem Stile am meisten mißfiel, nur von den wenigsten verstanden werden. Nur soviel will ich bemerken, daß, um vollendete Prosa zu schreiben, unter andern auch eine große Meisterschaft in metrischen Formen erforderlich ist. Ohne solche Meisterschaft fehlt dem Prosaiker ein gewisser Takt, es entschlüpfen ihm Wortfügungen, Ausdrücke, Zäsuren und Wendungen, die nur in gebundener Rede statthaft sind, und es entsteht ein geheimer Mißlaut, der nur wenige, aber sehr feine Ohren verletzt.

Wie sehr ich aber auch geneigt war, an der Außenschale, an dem Stile Börnes zu mäkeln und namentlich, wo er nicht beschreibt, sondern räsoniert, die kurzen Sätze seiner Prosa als eine kindische Unbeholfenheit zu betrachten, so ließ ich doch dem Inhalt, dem Kern seiner Schriften, die reichlichste Gerechtigkeit widerfahren, ich verehrte die Originalität, die Wahrheitsliebe, überhaupt den edlen Charakter, der sich durchgängig darin aussprach, und seitdem verlor ich den Verfasser nicht mehr aus dem Gedächtnis. Man hatte mir gesagt, daß er noch immer zu Frankfurt lebte, und als ich mehre Jahre später, Anno 1827, durch diese Stadt reisen mußte, um mich nach München zu begeben, hatte ich mir bestimmt vorgenommen, dem Doktor Börne in seiner Behausung meinen Besuch abzustatten. Dieses gelang mir, aber nicht ohne vieles Umherfragen und Fehlsuchen; überall, wo ich mich nach ihm erkundigte, sah man mich ganz befremdlich an, und man schien in seinem Wohnorte ihn entweder wenig zu kennen oder sich noch weniger um ihn zu bekümmern. Sonderbar! Hören wir in der Ferne von einer Stadt, wo dieser oder jener große Mann lebt, unwillkürlich denken wir uns ihn als den Mittelpunkt der Stadt, deren Dächer sogar von seinem Ruhme bestrahlt würden. Wie wundern wir uns nun, wenn wir in der Stadt selbst anlangen und den großen Mann wirklich darin aufsuchen wollen und ihn erst lange erfragen müssen, bis wir ihn unter der großen Menge herausfinden! So sieht der Reisende schon in weitester Ferne den hohen Dom einer Stadt; gelangt er aber in ihr Weichbild selbst, so verschwindet derselbe wieder seinen Blicken, und erst hin und her wandernd durch viele krumme und enge Sträßchen, kommt der große Turmbau wieder zum Vorschein, in der Nähe von gewöhnlichen Häusern und Butiken, die ihn schier verborgen halten.

Als ich bei einem kleinen Brillenhändler nach Börne frug, antwortete er mir mit pfiffig wiegendem Köpfchen: »Wo der Doktor Börne wohnt, weiß ich nicht, aber Madame Wohl wohnt auf dem Wollgraben.« Eine alte rothaarige Magd, die ich ebenfalls ansprach, gab mir endlich die erwünschte Auskunft, indem sie, vergnügt lachend, hinzusetzte: »Ich diene ja bei der Mutter von Madame Wohl.«

Ich hatte Mühe, den Mann wiederzuerkennen, dessen früheres Aussehen mir noch lebhaft im Gedächtnisse schwebte. Keine Spur mehr von vornehmer Unzufriedenheit und stolzer Verdüsterung. Ich sah jetzt ein zufriedenes Männchen, sehr schmächtig, aber nicht krank, ein kleines Köpfchen mit schwarzen glatten Härchen, auf den Wangen sogar ein Stück Röte, die lichtbraunen Augen sehr munter, Gemütlichkeit in jedem Blick, in jeder Bewegung, auch im Tone. Dabei trug er ein gestricktes Kamisölchen von grauer Wolle, welches, eng anliegend wie ein Ringenpanzer, ihm ein drollig märchenhaftes Ansehen gab. Er empfing mich mit Herzlichkeit und Liebe; es vergingen keine drei Minuten, und wir gerieten ins vertraulichste Gespräch. Wovon wir zuerst redeten? Wenn Köchinnen zusammenkommen, sprechen sie von ihrer Herrschaft, und wenn deutsche Schriftsteller zusammenkommen, sprechen sie von ihren Verlegern. Unsere Konversation begann daher mit Cotta und Campe, und als ich, nach einigen gebräuchlichen Klagen, die guten Eigenschaften des letzteren eingestand, vertraute mir Börne, daß er mit einer Herausgabe seiner sämtlichen Schriften schwanger gehe und für dieses Unternehmen sich den Campe merken wolle. Ich konnte nämlich von Julius Campe versichern, daß er kein gewöhnlicher Buchhändler sei, der mit dem Edlen, Schönen, Großen nur Geschäfte machen und eine gute Konjunktur benutzen will, sondern daß er manchmal das Große, Schöne, Edle unter sehr ungünstigen Konjunkturen druckt und wirklich sehr schlechte Geschäfte damit macht. Auf solche Worte horchte Börne mit beiden Ohren, und sie haben ihn späterhin veranlaßt, nach Hamburg zu reisen und sich mit dem Verleger der »Reisebilder« über eine Herausgabe seiner sämtlichen Schriften zu verständigen.

Sobald die Verleger abgetan sind, beginnen die wechselseitigen Komplimente zwischen zwei Schriftstellern, die sich zum ersten Male sprechen. Ich übergehe, was Börne über meine Vorzüglichkeit äußerte, und erwähne nur den leisen Tadel, den er bisweilen in den schäumenden Kelch des Lobes eintröpfeln ließ. Er hatte nämlich kurz vorher den zweiten Teil der »Reisebilder« gelesen und vermeinte, daß ich von Gott, welcher doch Himmel und Erde erschaffen und so weise die Welt regiere, mit zuwenig Reverenz, hingegen von dem Napoleon, welcher doch nur ein sterblicher Despot gewesen, mit übertriebener Ehrfurcht gesprochen habe. Der Deist und Liberale trat mir also schon merkbar entgegen. Er schien den Napoleon wenig zu lieben, obgleich er doch unbewußt den größten Respekt vor ihm in der Seele trug. Es verdroß ihn, daß die Fürsten sein Standbild von der Vendômesäule so ungroßmütig herabgerissen.

»Ach!« rief er mit einem bittern Seufzer, »ihr konntet dort seine Statue getrost stehenlassen; ihr brauchtet nur ein Plakat mit der Inschrift ›Achtzehnter Brumaire‹ daran zu befestigen, und die Vendômesäule wäre seine verdiente Schandsäule geworden! Wie liebte ich diesen Mann bis zum achtzehnten Brumaire, noch bis zum Frieden von Campo Formio bin ich ihm zugetan, als er aber die Stufen des Thrones erstieg, sank er immer tiefer im Werte; man konnte von ihm sagen: er ist die rote Treppe hinaufgefallen!

Ich habe noch diesen Morgen«, setzte Börne hinzu, »ihn bewundert, als ich in diesem Buche, das hier auf meinem Tische liegt« – er zeigte auf Thiers' Revolutionsgeschichte –, »die vortreffliche Anekdote las, wie Napoleon zu Udine eine Entrevue mit Kobentzel hat und im Eifer des Gesprächs das Porzellan zerschlägt, das Kobentzel einst von der Kaiserin Katharina erhalten und gewiß sehr liebte. Dieses zerschlagene Porzellan hat vielleicht den Frieden von Campo Formio herbeigeführt. Der Kobentzel dachte gewiß: ›Mein Kaiser hat soviel Porzellan, und das gibt ein Unglück, wenn der Kerl nach Wien käme und gar zu feurig in Eifer geriete: das beste ist, wir machen mit ihm Friede.‹ Wahrscheinlich in jener Stunde, als zu Udine das Porzellanservice von Kobentzel zu Boden purzelte und in lauter Scherben zerbrach, zitterte zu Wien alles Porzellan, und nicht bloß die Kaffeekannen und Tassen, sondern auch die chinesischen Pagoden, sie nickten mit den Köpfen vielleicht hastiger als je, und der Friede wurde ratifiziert. In Bilderläden sieht man den Napoleon gewöhnlich, wie er auf bäumendem Roß den Simplon besteigt, wie er mit hochgeschwungener Fahne über die Brücke von Lodi stürmt usw. Wenn ich aber ein Maler wäre, so würde ich ihn darstellen, wie er das Service von Kobentzel zerschlägt. Das war seine erfolgreichste Tat. Jeder König fürchtete seitdem für sein Porzellan, und gar besondere Angst überkam die Berliner wegen ihrer großen Porzellanfabrik. Sie haben keinen Begriff davon, liebster Heine, wie man durch den Besitz von schönem Porzellan im Zaum gehalten wird. Sehen Sie z.B. mich, der ich einst so wild war, als ich wenig Gepäck hatte und gar kein Porzellan. Mit dem Besitztum, und gar mit gebrechlichem Besitztum, kommt die Furcht und die Knechtschaft. Ich habe mir leider vor kurzem ein schönes Teeservice angeschafft – die Kanne war so lockend prächtig vergoldet –, auf der Zuckerdose war das eheliche Glück abgemalt, zwei Liebende, die sich schnäbeln –, auf der einen Tasse der Katharinenturm, auf einer andern die Konstablerwache, lauter vaterländische Gegenden auf den übrigen Tassen. – Ich habe wahrhaftig jetzt meine liebe Sorge, daß ich in meiner Dummheit nicht zu frei schreibe und plötzlich flüchten müßte. – Wie könnte ich in der Geschwindigkeit all diese Tassen und gar die große Kanne einpacken? In der Eile könnten sie zerbrochen werden, und zurücklassen möchte ich sie in keinem Falle. Ja wir Menschen sind sonderbare Käuze! Derselbe Mensch, der vielleicht Ruhe und Freude seines Lebens, ja das Leben selbst aufs Spiel setzen würde, um seine Meinungsfreiheit zu behaupten, der will doch nicht gern ein paar Tassen verlieren und wird ein schweigender Sklave, um seine Teekanne zu konservieren. Wahrhaftig, ich fühle, wie das verdammte Porzellan mich im Schreiben hemmt, ich werde so milde, so vorsichtig, so ängstlich … Am Ende glaub ich gar, der Porzellanhändler war ein östreichischer Polizeiagent, und Metternich hat mir das Porzellan auf den Hals geladen, um mich zu zähmen. Ja, ja, deshalb war es so wohlfeil, und der Mann war so beredsam. Ach! die Zuckerdose mit dem ehelichen Glück war eine so süße Lockspeise! Ja, je mehr ich mein Porzellan betrachte, desto wahrscheinlicher wird mir der Gedanke, daß es von Metternich herrührt. Ich verdenke es ihm nicht im mindesten, daß man mir auf solche Weise beizukommen sucht. Wenn man kluge Mittel gegen mich anwendet, werde ich nie unwirsch; nur die Plumpheit und die Dummheit ist mir unausstehlich. Da ist aber unser Frankfurter Senat – –«

Ich habe meine Gründe, den Mann nicht weitersprechen zu lassen, und bemerke nur, daß er am Ende seiner Rede mit gutmütigem Lachen ausrief:

»Aber noch bin ich stark genug, meine Porzellanfesseln zu brechen, und macht man mir den Kopf warm, wahrhaftig, die schöne vergoldete Teekanne fliegt zum Fenster hinaus mitsamt der Zuckerdose und dem ehelichen Glück und dem Katharinenturm und der Konstablerwache und den vaterländischen Gegenden, und ich bin dann wieder ein freier Mann, nach wie vor!«

Börnes Humor, wovon ich eben ein sprechendes Beispiel gegeben, unterschied sich von dem Humor Jean Pauls dadurch, daß letzterer gern die entferntesten Dinge ineinanderrührte, während jener, wie ein lustiges Kind, nur nach dem Nahliegenden griff, und während die Phantasie des konfusen Polyhistors von Bayreuth in der Rumpelkammer aller Zeiten herumkramte und mit Siebenmeilenstiefeln alle Weltgegenden durchschweifte, hatte Börne nur den gegenwärtigen Tag im Auge, und die Gegenstände, die ihn beschäftigten, lagen alle in seinem räumlichen Gesichtskreis. Er besprach das Buch, das er eben gelesen, das Ereignis, das eben vorfiel, den Stein, an den er sich eben gestoßen, Rothschild, an dessen Haus er täglich vorbeiging, den Bundestag, der auf der Zeil residiert und den er ebenfalls an Ort und Stelle hassen konnte, endlich alle Gedankenwege führten ihn zu Metternich. Sein Groll gegen Goethe hatte vielleicht ebenfalls örtliche Anfänge; ich sage Anfänge, nicht Ursachen; denn wenn auch der Umstand, daß Frankfurt ihre gemeinschaftliche Vaterstadt war, Börnes Aufmerksamkeit zunächst auf Goethe lenkte, so war doch der Haß, der gegen diesen Mann in ihm brannte und immer leidenschaftlicher entlodert, nur die notwendige Folge einer tiefen, in der Natur beider Männer begründeten Differenz. Hier wirkte keine kleinliche Scheelsucht, sondern ein uneigennütziger Widerwille, der angebornen Trieben gehorcht, ein Hader, welcher, alt wie die Welt, sich in allen Geschichten des Menschengeschlechts kundgibt und am grellsten hervortrat in dem Zweikampfe, welchen der judäische Spiritualismus gegen hellenische Lebensherrlichkeit führte, ein Zweikampf, der noch immer nicht entschieden ist und vielleicht nie ausgekämpft wird: der kleine Nazarener haßte den großen Griechen, der noch dazu ein griechischer Gott war.

Das Werk von Wolfgang Menzel war eben erschienen, und Börne freute sich kindisch, daß jemand gekommen sei, der den Mut zeige, so rücksichtslos gegen Goethe aufzutreten.

»Der Respekt«, setzte er naiv hinzu, »hat mich immer davon abgehalten, dergleichen öffentlich auszusprechen. Der Menzel, der hat Mut, der ist ein ehrlicher Mann und ein Gelehrter; den müssen Sie kennenlernen, an dem werden wir noch viele Freude erleben; der hat viel Courage, der ist ein grundehrlicher Mann und ein großer Gelehrter! An dem Goethe ist gar nichts, er ist eine Memme, ein serviler Schmeichler und ein Dilettant.«

Auf dieses Thema kam er oft zurück; ich mußte ihm versprechen, in Stuttgart den Menzel zu besuchen, und er schrieb mir gleich zu diesem Behufe eine Empfehlungskarte, und ich höre ihn noch eifrig hinzusetzen: »Der hat Mut, außerordentlich viel Courage, der ist ein braver, grundehrlicher Mann und ein großer Gelehrter!«

Wie in seinen Äußerungen über Goethe, so auch in seiner Beurteilung anderer Schriftsteller verriet Börne seine nazarenische Beschränktheit. Ich sage nazarenisch, um mich weder des Ausdrucks »jüdisch«

noch »christlich« zu bedienen, obgleich beide Ausdrücke für mich synonym sind und von mir nicht gebraucht werden, um einen Glauben, sondern um ein Naturell zu bezeichnen. »Juden« und »Christen« sind für mich ganz sinnverwandte Worte im Gegensatz zu »Hellenen«, mit welchem Namen ich ebenfalls kein bestimmtes Volk, sondern eine sowohl angeborne als angebildete Geistesrichtung und Anschauungsweise bezeichne. In dieser Beziehung möchte ich sagen: alle Menschen sind entweder Juden oder Hellenen, Menschen mit asketischen, bildfeindlichen, vergeistigungssüchtigen Trieben oder Menschen von lebensheiterem, entfaltungsstolzem und realistischem Wesen. So gab es Hellenen in deutschen Predigerfamilien und Juden, die in Athen geboren und vielleicht von Theseus abstammen. Der Bart macht nicht den Juden, oder der Zopf macht nicht den Christen, kann man hier mit Recht sagen. Börne war ganz Nazarener, seine Antipathie gegen Goethe ging unmittelbar hervor aus seinem nazarenischen Gemüte, seine spätere politische Exaltation war begründet in jenem schroffen Asketismus, jenem Durst nach Märtyrtum, der überhaupt bei den Republikanern gefunden wird, den sie republikanische Tugend nennen und der von der Passionssucht der früheren Christen sowenig verschieden ist. In seiner spätern Zeit wendete sich Börne sogar zum historischen Christentum, er sank fast in den Katholizismus, er fraternisierte mit dem Pfaffen Lamennais und verfiel in den widerwärtigsten Kapuzinerton, als er sich einst über einen Nachfolger Goethes, einen Pantheisten von der heitern Observanz, öffentlich aussprach. – Psychologisch merkwürdig ist die Untersuchung, wie in Börnes Seele allmählich das eingeborene Christentum emporstieg, nachdem es lange niedergehalten worden von seinem scharfen Verstand und seiner Lustigkeit. Ich sage Lustigkeit, gaité, nicht Freude, joie; die Nazarener haben zuweilen eine gewisse springende gute Laune, eine witzige eichkätzchenhafte Munterkeit, gar lieblich kapriziös, gar süß, auch glänzend, worauf aber bald eine starre Gemütsvertrübung folgt: es fehlt ihnen die Majestät der Genußseligkeit, die nur bei bewußten Göttern gefunden wird.

Ist aber in unserem Sinne kein großer Unterschied zwischen Juden und Christen, so existiert dergleichen desto herber in der Weltbetrachtung Frankfurter Philister; über die Mißstände, die sich daraus ergeben, sprach Börne sehr viel und sehr oft während den drei Tagen, die ich ihm zuliebe in der freien Reichs- und Handelsstadt Frankfurt am Main verweilte.

Ja, mit drolliger Güte drang er mir das Versprechen ab, ihm drei Tage meines Lebens zu schenken, er ließ mich nicht mehr von sich, und ich mußte mit ihm in der Stadt herumlaufen, allerlei Freunde besuchen, auch Freundinnen, z.B. Madame Wohl auf dem Wollgraben. Diese Madame Wohl auf dem Wollgraben ist die bekannte Freiheitsgöttin, an welche späterhin die »Briefe aus Paris« adressiert wurden. Ich sah eine magere Person, deren gelblichweißes, pockennarbiges Gesicht einem alten Matzekuchen glich. Trotz ihrem Äußern, und obgleich ihre Stimme kreischend war, wie eine Türe, die sich auf rostigen Angeln bewegt, so gefiel mir doch alles, was die Person sagte; sie sprach nämlich mit großem Enthusiasmus von meinen Werken. Ich erinnere mich, daß sie ihren Freund in große Verlegenheit setzte, als sie ausplaudern wollte, was er ihr bei unserm Eintritt ins Ohr geflüstert; Börne ward rot wie ein Mädchen, als sie, trotz seiner Bitten, mir verriet, er habe sich geäußert: mein Besuch sei für ihn eine größere Ehre, als wenn ihn Goethe besucht hätte. Wenn ich jetzt bedenke, wie schlecht er schon damals von Goethe dachte, so darf ich mir jene Äußerung nicht als ein allzu großes Kompliment anrechnen.

Über das Verhältnis Börnes zu der erwähnten Dame erfuhr ich damals ebensowenig Bestimmtes wie andere Leute. Auch war es mir gleichgültig, ob jenes Verhältnis warm oder kühl, feucht oder trocken war. Die böse Welt behauptete, Herr Börne säße bei Madame Wohl auf dem Wollgraben so recht in der Wolle; die ganz böse Welt zischelte, es herrsche zwischen beiden nur eine abstrakte Seelenverbindung, ihre Liebe sei platonisch.

Was mich betrifft, so interessiert mich bei ausgezeichneten Leuten der Gegenstand ihrer Liebesgefühle immer weniger als das Gefühl der Liebe selbst. Letzteres aber – das weiß ich – muß bei Börne sehr stark gewesen sein. Wie später bei der Lektüre seiner gesammelten Schriften, so schon in Frankfurt durch manche hingeworfene Äußerung merkte ich, daß Börne zu verschiedenen Jahreszeiten seines Lebens von den Tücken des kleinen Gottes weidlich geplagt worden. Namentlich von den Qualen der Eifersucht weiß er viel zu sagen, wie denn überhaupt die Eifersucht in seinem Charakter lag und ihn, im Leben wie in der Politik, alle Erscheinungen durch die gelbe Lupe des Mißtrauens betrachten ließ. Ich erwähnte, daß Börne zu verschiedenen Zeiten seines Lebens von Liebesleiden heimgesucht worden. –

»Ach«, seufzte er einmal wie aus der Tiefe schmerzlicher Erinnerungen, »in spätern Jahren ist diese Leidenschaft noch weit gefährlicher als in der Jugend. Man sollte es kaum glauben, da sich doch mit dem Alter auch unsere Vernunft entwickelt hat und diese uns unterstützen könnte im Kampfe mit der Leidenschaft. Saubere Unterstützung! Merken Sie sich das: die Vernunft hilft uns nur jene kleinen Kapricen zu bekämpfen, die wir auch ohne ihre Intervention bald überwinden würden. Aber sobald sich eine große wahre Leidenschaft unseres Herzens bemächtigt hat und unterdrückt werden soll, wegen des positiven Schadens, der uns dadurch bedroht, alsdann gewährt uns die Vernunft wenig Hülfe, ja, die Kanaille, sie wird alsdann sogar eine Bundesgenossin des Feindes, und anstatt unsere materiellen oder moralischen Interessen zu vertreten, leiht sie dem Feinde, der Leidenschaft, alle ihre Logik, alle ihre Syllogismen, alle ihre Sophismen, und dem stummen Wahnsinn liefert sie die Waffe des Wortes. Vernünftig, wie sie ist, schlägt sich die Vernunft immer zur Partei des Stärkern, zur Partei der Leidenschaft, und verläßt sie wieder, sobald die Force derselben durch die Gewalt der Zeit oder durch das Gesetz der Reaktion gebrochen wird. Wie verhöhnt sie alsdann die Gefühle, die sie kurz vorher so eifrig rechtfertigte! Mißtrauen Sie, lieber Freund, in der Leidenschaft immer der Sprache der Vernunft, und ist die Leidenschaft erloschen, so mißtrauen Sie ihr ebenfalls, und seien Sie nicht ungerecht gegen Ihr Herz!«

Nachdem Börne mir Madame Wohl auf dem Wollgraben gezeigt, wollte er mich auch die übrigen Merkwürdigkeiten Frankfurts sehen lassen, und vergnügt, im gemütlichsten Hundetrapp, lief er mir zur Seite, als wir durch die Straßen wanderten. Ein wunderliches Ansehen gab ihm sein kurzes Mäntelchen und sein weißes Hütchen, welches zur Hälfte mit einem schwarzen Flor umwickelt war. Der schwarze Flor bedeutete den Tod seines Vaters, welcher ihn bei Lebzeiten sehr knapp gehalten, ihm jetzt aber auf einmal viel Geld hinterließ. Börne schien damals die angenehmen Empfindungen solcher Glücksveränderungen noch in sich zu tragen und überhaupt im Zenit des Wohlbehagens zu stehen. Er klagte sogar über seine Gesundheit, d.h. er klagte, er werde täglich gesünder und mit der zunehmenden Gesundheit schwänden seine geistigen Fähigkeiten. »Ich bin zu gesund und kann nichts mehr schreiben«, klagte er im Scherz, vielleicht auch im Ernst, denn bei solchen Naturen ist das Talent abhängig von gewissen krankhaften Zuständen, von einer gewissen Reizbarkeit, die ihre Empfindungs- und Ausdrucksweise steigert und die mit der eintretenden Gesundheit wieder verschwindet. »Er hat mich bis zur Dummheit kuriert«, sagte Börne von seinem Arzte, zu welchem er mich führte und in dessen Haus ich auch mit ihm speiste.

Die Gegenstände, womit Börne in zufällige Berührung kam, gaben seinem Geiste nicht bloß die nächste Beschäftigung, sondern wirkten auch unmittelbar auf die Stimmung seines Geistes, und mit ihrem Wechsel stand seine gute oder böse Laune in unmittelbarer Verbindung. Wie das Meer von den vorüberziehenden Wolken, so empfing Börnes Seele die jedesmalige Färbung von den Gegenständen, denen er auf seinem Weg begegnete. Der Anblick schöner Gartenanlagen oder eine Gruppe schäkernder Mägde, die uns entgegenlachte, warfen gleichsam Rosenlichter über Börnes Seele, und der Widerschein derselben gab sich kund in sprühenden Witzen. Als wir aber durch das Judenquartier gingen, schienen die schwarzen Häuser ihre finstern Schatten in sein Gemüt zu gießen.

»Betrachten Sie diese Gasse«, sprach er seufzend, »und rühmen Sie mir alsdann das Mittelalter! Die Menschen sind tot, die hier gelebt und geweint haben, und können nicht widersprechen, wenn unsere verrückten Poeten und noch verrücktern Historiker, wenn Narren und Schälke von der alten Herrlichkeit ihre Entzückungen drucken lassen; aber wo die toten Menschen schweigen, da sprechen desto lauter die lebendigen Steine.«

In der Tat, die Häuser jener Straße sahen mich an, als wollten sie mir betrübsame Geschichten erzählen, Geschichten, die man wohl weiß, aber nicht wissen will oder lieber vergäße, als daß man sie ins Gedächtnis zurückriefe. So erinnere ich mich noch eines giebelhohen Hauses, dessen Kohlenschwärze um so greller hervorstach, da unter den Fenstern eine Reihe kreideweißer Talglichter hingen; der Eingang, zur Hälfte mit rostigen Eisenstangen vergittert, führte in eine dunkle Höhle, wo die Feuchtigkeit von den Wänden herabzurieseln schien, und aus dem Innern tönte ein höchst sonderbarer, näselnder Gesang. Die gebrochene Stimme schien die eines alten Mannes, und die Melodie wiegte sich in den sanftesten Klagelauten, die allmählich bis zum entsetzlichsten Zorne anschwollen. »Was ist das für ein Lied?« frug ich meinen Begleiter. »Es ist ein gutes Lied«, antwortete dieser mit einem mürrischen Lachen, »ein lyrisches Meisterstück, das im diesjährigen

Musenalmanach schwerlich seinesgleichen findet ... Sie kennen es vielleicht in der deutschen Übersetzung: ›Wir saßen an den Flüssen Babels, unsere Harfen hingen an den Trauerweiden‹ usw. Ein Prachtgedicht! und der alte Rabbi Chayim singt es sehr gut mit seiner zittrigen, abgemergelten Stimme; die Sontag sänge es vielleicht mit größerem Wohllaut, aber nicht mit soviel Ausdruck, mit soviel Gefühl ... Denn der alte Mann haßt noch immer die Babylonier und weint noch täglich über den Untergang Jerusalems durch Nebukadnezar ... Dieses Unglück kann er gar nicht vergessen, obgleich soviel Neues seitdem passiert ist und noch jüngst der zweite Tempel durch Titus, den Bösewicht, zerstört worden. Ich muß Ihnen nämlich bemerken, der alte Rabbi Chayim betrachtet den Titus keineswegs als ein delicium generis humani, er hält ihn für einen Bösewicht, den auch die Rache Gottes erreicht hat ... Es ist ihm nämlich eine kleine Mücke in die Nase geflogen, die, allmählich wachsend, mit ihren Klauen in seinem Gehirn herumwühlte und ihm so grenzenlose Schmerzen verursachte, daß er nur dann einige Erholung empfand, wenn in seiner Nähe einige hundert Schmiede auf ihre Ambosse loshämmerten. Das ist sehr merkwürdig, daß alle Feinde der Kinder Israel ein so schlechtes Ende nehmen. Wie es dem Nebukadnezar gegangen ist, wissen Sie, er ist in seinen alten Tagen ein Ochs geworden und hat Gras essen müssen. Sehen Sie den persischen Staatsminister Haman, ward er nicht am Ende gehenkt zu Susa, in der Hauptstadt? Und Antiochus, der König von Syrien, ist er nicht bei lebendigem Leibe verfault, durch die Läusesucht? Die spätern Bösewichter, die Judenfeinde, sollten sich in acht nehmen ... Aber was hilft's, es schreckt sie nicht ab, das furchtbare Beispiel, und dieser Tage habe ich wieder eine Broschüre gegen die Juden gelesen, von einem Professor der Philosophie, der sich magis amica nennt. Er wird einst Gras essen, ein Ochs ist er schon von Natur, vielleicht gar wird er mal gehenkt, wenn er die Sultanin Favorite des Königs von Flachsenfingen beleidigt, und Läuse hat er gewiß auch schon wie der Antiochus. Am liebsten wär mir's, er ginge zur See und machte Schiffbruch an der nordafrikanischen Küste. Ich habe nämlich jüngst gelesen, daß die Mahometaner, die dort wohnen, sich durch ihre Religion berechtigt glauben, alle Christen, die bei ihnen Schiffbruch leiden und in ihre Hände fallen, als Sklaven zu behandeln. Sie verteilen unter sich diese Unglücklichen und benutzen jeden derselben nach seinen Fähigkeiten. So hat nun jüngst ein Engländer, der jene Küsten bereiste, dort einen deutschen

Gelehrten gefunden, der Schiffbruch gelitten und Sklave geworden, aber zu gar nichts anderem zu gebrauchen war, als daß man ihm Eier zum Ausbrüten unterlegte; er gehörte nämlich zur theologischen Fakultät. Ich wünsche nun, der Doktor magis amica käme in eine solche Lage; wenn er auf seinen Eiern drei Wochen unaufstehlich sitzen müßte (sind es Enteneier, sogar vier Wochen), so kämen ihm gewiß allerlei Gedanken in den Sinn, die ihm bisher nie eingefallen, und ich wette, er verwünscht den Glaubensfanatismus, der in Europa die Juden und in Afrika die Christen herabwürdigt und sogar einen Doktor der Theologie bis zur Bruthenne entmenscht ... Die Hühner, die er ausgebrütet, werden sehr tolerant schmecken, besonders wenn man sie mit einer Sauce à la Marengo verzehrt.«

Aus leicht begreiflichen Gründen übergehe ich die Bemerkungen, die mein Begleiter in bitterster Fülle losließ, als wir auf unserer Wanderung im Weichbilde Frankfurts dem Hause vorübergingen, wo der Bundestag seine Sitzungen hält. Die Schildwache hielt ihr Mittagsschläfchen in aufrechter Stellung, und die Schwalben, die an den Fliesen der Fenster ihre friedlichen Nester gebaut, flogen seelenruhig auf und nieder. Schwalben bedeuten Glück, behauptete meine Großmutter; sie war sehr abergläubisch.

Von der Ecke der Schnurgasse bis zur Börse mußten wir uns durchdrängen; hier fließt die goldene Ader der Stadt, hier versammelt sich der edle Handelsstand und schachert und mauschelt ... Was wir nämlich in Norddeutschland Mauscheln nennen, ist nichts anders als die eigentliche Frankfurter Landessprache, und sie wird von der unbeschnittenen Population ebenso vortrefflich gesprochen wie von der beschnittenen. Börne sprach diesen Jargon sehr schlecht, obgleich er, ebenso wie Goethe, den heimatlichen Dialekt nie ganz verleugnen konnte. Ich habe bemerkt, daß Frankfurter, die sich von allen Handelsinteressen entfernt hielten, am Ende jene Frankfurter Aussprache, die wir, wie gesagt, in Norddeutschland Mauscheln nennen, ganz verlernten.

Eine Strecke weiter, am Ausgange der Saalgasse, erfreuten wir uns einer viel angenehmeren Begegnung. Wir sahen nämlich einen Rudel Knaben, welche aus der Schule kamen, hübsche Jungen mit rosigen Gesichtchen, einen Pack Bücher unterm Arm.

»Weit mehr Respekt«, rief Börne, »weit mehr Respekt habe ich für diese Buben als für ihre erwachsenen Väter. Jener Kleine mit der hohen Stirn denkt vielleicht jetzt an den zweiten Punischen Krieg, und er ist begeistert für Hannibal, und als man ihm heute erzählte, wie der große Karthager schon als Knabe den Römern Rache schwur ..., ich wette, da hat sein kleines Herz mitgeschworen ... Haß und Untergang dem bösen Rom! Halte deinen Eid, mein kleiner Waffenbruder. Ich möchte ihn küssen, den vortrefflichen Jungen! Der andere Kleine, der so pfiffig hübsch aussieht, denkt vielleicht an den Mithridates und möchte ihn einst nachahmen ... Das ist auch gut, ganz gut, und du bist mir willkommen. Aber, Bursche, wirst du auch Gift schlucken können, wie der alte König des Pontus? Übe dich frühzeitig. Wer mit Rom Krieg führen will, muß alle möglichen Gifte vertragen können, nicht bloß plumpen Arsenik, sondern auch einschläferndes phantastisches Opium und gar das schleichende Aquatofana der Verleumdung! Wie gefällt Ihnen der Knabe, der so lange Beine hat und ein so unzufrieden aufgestülptes Näschen? Den jückt es vielleicht, ein Catilina zu werden, er hat auch lange Finger, und er wird einmal den Ciceros unserer Republik, den gepuderten Vätern des Vaterlandes, eine Gelegenheit geben, sich mit langen schlechten Reden zu blamieren. Der dort, der arme kränkliche Bub, möchte gewiß weit lieber die Rolle des Brutus spielen ... Armer Junge, du wirst keinen Cäsar finden und mußt dich begnügen, einige alte Perücken mit Worten zu erstechen, und wirst dich endlich nicht in dein Schwert, sondern in die Schellingsche Philosophie stürzen und verrückt werden! Ich habe Respekt für diese Kleinen, die sich den ganzen Tag für die hochherzigsten Geschichten der Menschheit interessieren, während ihre Väter nur für das Steigen oder Fallen der Staatspapiere Interesse fühlen und an Kaffeebohnen und Cochenille und Manufakturwaren denken! Ich hätte nicht übel Lust, dem kleinen Brutus dort eine Tüte mit Zuckerkringeln zu kaufen ... Nein, ich will ihm lieber Branntewein zu trinken geben, damit er klein bleibe ... Nur solange wir klein sind, sind wir ganz uneigennützig, ganz heldenmütig, ganz heroisch ... Mit dem wachsenden Leib schrumpft die Seele immer mehr ein ... Ich fühle es an mir selber ... Ach, ich bin ein großer Mann gewesen, als ich noch ein kleiner Junge war!«

Als wir über den Römerberg kamen, wollte Börne mich in die alte Kaiserburg hinaufführen, um dort die Goldene Bulle zu betrachten.

»Ich habe sie noch nie gesehen«, seufzte er, »und seit meiner Kindheit hegte ich immer eine geheime Sehnsucht nach dieser Goldnen Bulle. Als Knabe machte ich mir die wunderlichste Vorstellung davon, und ich hielt sie für eine Kuh mit goldnen Hörnern; später bildete ich mir ein, es sei ein Kalb, und erst als ich ein großer Junge ward, erfuhr ich die Wahrheit, daß sie nämlich nur eine alte Haut sei, ein nichtsnutzig Stück Pergament, worauf geschrieben steht, wie Kaiser und Reich sich einander wechselseitig verkauften. Nein, laßt uns diesen miserabelen Kontrakt, wodurch Deutschland zugrunde ging, nicht betrachten; ich will sterben, ohne die Goldne Bulle gesehen zu haben.«

Ich übergehe hier ebenfalls die bitteren Nachbemerkungen. Es gab ein Thema, das man nur zu berühren brauchte, um die wildesten und schmerzlichsten Gedanken, die in Börnes Seele lauerten, hervorzurufen; dieses Thema war Deutschland und der politische Zustand des deutschen Volkes. Börne war Patriot vom Wirbel bis zur Zehe, und das Vaterland war seine ganze Liebe.

Als wir denselben Abend wieder durch die Judengasse gingen und das Gespräch über die Insassen derselben wieder anknüpften, sprudelte die Quelle des Börneschen Geistes um so heiterer, da auch jene Straße, die am Tage einen düsteren Anblick gewährte, jetzt aufs fröhlichste illuminiert war und die Kinder Israel an jenem Abend, wie mir mein Cicerone erklärte, ihr lustiges Lampenfest feierten. Dieses ist einst gestiftet worden zum ewigen Andenken an den Sieg, den die Makkabäer über den König von Syrien so heldenmütig erfochten haben.

»Sehen Sie«, sagte Börne, »das ist der achtzehnte Oktober der Juden, nur daß dieser makkabäische achtzehnte Oktober mehr als zwei Jahrtausende alt ist und noch immer gefeiert wird, statt daß der Leipziger achtzehnte Oktober noch nicht das funfzehnte Jahr erreicht hat und bereits in Vergessenheit geraten. Die Deutschen sollten bei der alten Madame Rothschild in die Schule gehen, um Patriotismus zu lernen. Sehen Sie hier, in diesem kleinen Hause wohnt die alte Frau, die Lätitia, die so viele Finanzbonaparten geboren hat, die große Mutter aller Anleihen, die aber trotz der Weltherrschaft ihrer königlichen Söhne noch immer ihr kleines Stammschlößchen in der Judengasse nicht verlassen will und heute wegen des großen Freudenfestes ihre Fenster mit weißen Vorhängen geziert hat. Wie vergnügt funkeln die Lämpchen, die sie mit eigenen Händen anzündete, um jenen Siegestag zu feiern, wo Judas Makkabäus und seine Brüder ebenso tapfer und heldenmütig das Vaterland befreiten wie in unsern Tagen Friedrich Wilhelm, Alexander und Franz II. Wenn die gute Frau diese Lämpchen betrachtet, treten ihr die Tränen in die alten Augen, und sie erinnert sich mit wehmütiger Wonne jener jüngeren Zeit, wo der selige Mayer Amschel

Rothschild, ihr teurer Gatte, das Lampenfest mit ihr feierte und ihre Söhne noch kleine Bübchen waren und kleine Lichtchen auf den Boden pflanzten und in kindischer Lust darüber hin und her sprangen, wie es Brauch und Sitte ist in Israel!

Der alte Rothschild«, fuhr Börne fort, »der Stammvater der regierenden Dynastie, war ein braver Mann, die Frömmigkeit und Gutherzigkeit selbst. Es war ein mildtätiges Gesicht mit einem spitzigen Bärtchen, auf dem Kopf ein dreieckig gehörnter Hut und die Kleidung mehr als bescheiden, fast ärmlich. So ging er in Frankfurt herum, und beständig umgab ihn, wie ein Hofstaat, ein Haufen armer Leute, denen er Almosen erteilte oder mit gutem Rat zusprach; wenn man auf der Straße eine Reihe von Bettlern antraf mit getrösteten und vergnügten Mienen, so wußte man, daß hier eben der alte Rothschild seinen Durchzug gehalten. Als ich noch ein kleines Bübchen war und eines Freitags abends mit meinem Vater durch die Judengasse ging, begegneten wir dem alten Rothschild, welcher eben aus der Synagoge kam; ich erinnere mich, daß er, nachdem er mit meinem Vater gesprochen, auch mir einige liebreiche Worte sagte und daß er endlich die Hand auf meinen Kopf legte, um mich zu segnen. Ich bin fest überzeugt, diesem Rothschildschen Segen verdanke ich es, daß späterhin, obgleich ich ein deutscher Schriftsteller wurde, doch niemals das bare Geld in meiner Tasche ganz ausging.«

Ich kann nicht umhin, hier die Zwischenbemerkung einzuschalten, daß Börne immer im behaglichen Wohlstande lebte und sein späterer Ultraliberalismus keineswegs, wie bei vielen Patrioten, dem verbissenen Ingrimm der eigenen Armut beizumessen war. Obgleich er selber reich war, ich sage reich nach dem Maßstabe seiner Bedürfnisse, so hegte er doch einen unergründlichen Groll gegen die Reichen. Obgleich der Segen des Vaters auf seinem Haupte ruhte, so haßte er doch die Söhne, Mayer Amsel Rothschilds Söhne.

Wieweit die persönlichen Eigenschaften dieser Männer zu jenem Hasse berechtigen, will ich hier nicht untersuchen; es wird an einem anderen Orte ausführlich geschehen. Hier möchte ich nur der Bemerkung Raum geben, daß unsere deutschen Freiheitsprediger ebenso ungerecht wie töricht handeln, wenn sie das Haus Rothschild wegen seiner politischen Bedeutung, wegen seiner Einwirkung auf die Interessen der Revolution, kurz, wegen seines öffentlichen Charakters mit soviel Grimm und Blutgier anfeinden. Es gibt keine stärkere Beförderer der Revolution als eben die Rothschilde ... und, was noch befremdlicher klingen mag, diese Rothschilde, die Bankiers der Könige, diese fürstlichen Säckelmeister, deren Existenz durch einen Umsturz des europäischen Staatensystems in die ernsthaftesten Gefahren geraten dürfte, sie tragen dennoch im Gemüte das Bewußtsein ihrer revolutionären Sendung. Namentlich ist dieses der Fall bei dem Manne, der unter dem scheinlosen Namen Baron James bekannt ist und in welchem sich jetzt, nach dem Tode seines erlauchten Bruders von England, die ganze politische Bedeutung des Hauses Rothschild resümiert. Dieser Nero der Finanz, der sich in der Rue Laffitte seinen goldenen Palast erbauet hat und von dort aus als unumschränkter Imperator die Börsen beherrscht, er ist, wie weiland sein Vorgänger, der römische Nero, am Ende ein gewaltsamer Zerstörer des bevorrechteten Patriziertums und Begründer der neuen Demokratie. Einst, vor mehren Jahren, als er in guter Laune war und wir Arm in Arm, ganz famillionär, wie Hirsch Hyazinth sagen würde, in den Straßen von Paris umherflanierten, setzte mir Baron James ziemlich klar auseinander, wie eben er selber, durch sein Staatspapierensystem, für den gesellschaftlichen Fortschritt in Europa überall die ersten Bedingnisse erfüllt, gleichsam Bahn gebrochen habe.

»Zu jeder Begründung einer neuen Ordnung von Dingen« – sagte er mir – »gehört ein Zusammenfluß von bedeutenden Menschen, die sich mit diesen Dingen gemeinsam zu beschäftigen haben. Dergleichen Menschen lebten ehemals vom Ertrag ihrer Güter oder ihres Amtes und waren deshalb nie ganz frei, sondern immer an einen entfernten Grundbesitz oder an irgendeine örtliche Amtsverwaltung gefesselt; jetzt aber gewährt das Staatspapierensystem diesen Menschen die Freiheit, jeden beliebigen Aufenthalt zu wählen, überall können sie von den Zinsen ihrer Staatspapiere, ihres portativen Vermögens, geschäftlos leben, und sie ziehen sich zusammen und bilden die eigentliche Macht der Hauptstädte. Von welcher Wichtigkeit aber eine solche Residenz der verschiedenartigsten Kräfte, eine solche Zentralisation der Intelligenzen und sozialen Autoritäten, das ist hinlänglich bekannt. Ohne Paris hätte Frankreich nie seine Revolution gemacht; hier hatten so viele ausgezeichnete Geister Weg und Mittel gefunden, eine mehr oder minder sorglose Existenz zu führen, miteinander zu verkehren und so weiter. Jahrhunderte haben in Paris einen solchen günstigen Zustand allmählich herbeigeführt. Durch das Rentensystem wäre Paris weit schneller Paris geworden, und die Deutschen, die gern eine ähnliche

Hauptstadt hätten, sollten nicht über das Rentensystem klagen: es zentralisiert, es macht vielen Leuten möglich, an einem selbstgewählten Orte zu leben und von dort aus der Menschheit jeden nützlichen Impuls zu geben ...«

Von diesem Standpunkte aus betrachtet Rothschild die Resultate seines Schaffens und Treibens. Ich bin mit dieser Ansicht ganz einverstanden, ja ich gehe noch weiter, und ich sehe in Rothschild einen der größten Revolutionäre, welche die moderne Demokratie begründeten. Richelieu, Robespierre und Rothschild sind für mich drei terroristische Namen, und sie bedeuten die graduelle Vernichtung der alten Aristokratie. Richelieu, Robespierre und Rothschild sind die drei furchtbarsten Nivelleurs Europas. Richelieu zerstörte die Souveränität des Feudaladels und beugte ihn unter jene königliche Willkür, die ihn entweder durch Hofdienst herabwürdigte oder durch krautjunkerliche Untätigkeit in der Provinz vermodern ließ. Robespierre schlug diesem unterwürfigen und faulen Adel endlich das Haupt ab. Aber der Boden blieb, und der neue Herr desselben, der neue Gutsbesitzer, ward ganz wieder ein Aristokrat, wie seine Vorgänger, deren Prätensionen er unter anderem Namen fortsetzte. Da kam Rothschild und zerstörte die Oberherrschaft des Bodens, indem er das Staatspapierensystem zur höchsten Macht emporhob, dadurch die großen Besitztümer und Einkünfte mobilisierte und gleichsam das Geld mit den ehemaligen Vorrechten des Bodens belehnte. Er stiftete freilich dadurch eine neue Aristokratie, aber diese, beruhend auf dem unzuverlässigsten Elemente, auf dem Gelde, kann nimmermehr so nachhaltig mißwirken wie die ehemalige Aristokratie, die im Boden, in der Erde selber, wurzelte. Geld ist flüssiger als Wasser, windiger als Luft, und dem jetzigen Geldadel verzeiht man gern seine Impertinenzen, wenn man seine Vergänglichkeit bedenkt ... er zerrinnt und verdunstet, ehe man sich dessen versieht.

Indem ich oben die Namen Richelieu, Robespierre und Rothschild zusammenstellte, drängte sich mir die Bemerkung auf, daß diese drei größten Terroristen noch mancherlei andere Ähnlichkeiten bieten. Sie haben zum Beispiel miteinander gemein eine gewisse unnatürliche Liebe zur Poesie: Richelieu schrieb schlechte Tragödien, Robespierre machte erbärmliche Madrigale, und James Rothschild, wenn er lustig wird, fängt er an zu reimen ...

Doch das gehört nicht hierher, diese Blätter haben sich zunächst mit einem kleineren Revolutionär, mit Ludwig Börne, zu beschäftigen.

Dieser hegte, wie wir mit Bedauern bemerken, den höchsten Haß gegen die Rothschilde, und in seinem Gespräche, als wir zu Frankfurt dem Stammhause derselben vorübergingen, äußerte sich jener Haß bereits ebenso grell und giftig wie in seinen späteren Pariser Briefen. Nichtsdestoweniger ließ er doch den persönlichen Eigenschaften dieser Leute manche Gerechtigkeit widerfahren, und er gestand mir ganz naiv, daß er sie nur hassen könne, daß es ihm aber trotz aller Mühe nicht möglich sei, sie verächtlich oder gar lächerlich zu finden.

»Denn sehen Sie« – sprach er –, »die Rothschilde haben so viel Geld, eine solche Unmasse von Geld, daß sie uns einen fast grauenhaften Respekt einflößen; sie identifizierten sich sozusagen mit dem Begriff des Geldes überhaupt, und Geld kann man nicht verachten. Auch haben diese Leute das sicherste Mittel angewendet, um jenem Ridikül zu entgehen, dem so manche andere baronisierte Millionärenfamilien des Alten Testaments verfallen sind: sie enthalten sich des christlichen Weihwassers. Die Taufe ist jetzt bei den reichen Juden an der Tagesordnung, und das Evangelium, das den Armen Judäas vergebens gepredigt worden, ist jetzt in floribus bei den Reichen. Aber da die Annahme desselben nur Selbstbetrug, wo nicht gar Lüge ist und das angeheuchelte Christentum mit dem alten Adam bisweilen recht grell kontrastiert, so geben diese Leute dem Witze und dem Spotte die bedenklichsten Blößen. Oder glauben Sie, daß durch die Taufe die innere Natur ganz verändert worden? Glauben Sie, daß man Läuse in Flöhe verwandeln kann, wenn man sie mit Wasser begießt?«

»Ich glaube nicht.«

»Ich glaub's auch nicht, und ein ebenso melancholischer wie lächerlicher Anblick ist es für mich, wenn die alten Läuse, die noch aus Ägypten stammen, aus der Zeit der pharaonischen Plage, sich plötzlich einbilden, sie wären Flöhe, und christlich zu hüpfen beginnen. In Berlin habe ich auf der Straße alte Töchter Israels gesehen, die am Halse lange Kreuze trugen, Kreuze, die noch länger als ihre Nasen und bis an den Nabel reichten; in den Händen hielten sie ein evangelisches Gesangbuch, und sie sprachen von der prächtigen Predigt, die sie eben in der Dreifaltigkeitskirche gehört. Die eine frug die andere, bei wem sie das heilige Abendmahl genommen, und beide rochen dabei aus dem Halse. Widerwärtiger war mir noch der Anblick von schmutzigen Bartjuden, die aus ihren polnischen Kloaken kamen, von der Bekehrungsgesellschaft in Berlin für den Himmel angeworben wurden und in ihrem mundfaulen Dialekte das Christentum predigten und so entsetzlich dabei stanken. Es wäre jedenfalls wünschenswert, wenn man dergleichen polnisches Läusevolk nicht mit gewöhnlichem Wasser, sondern mit Eau de Cologne taufen ließe.«

»Im Hause des Gehängten«, unterbrach ich diese Rede, »muß man nicht von Stricken sprechen, lieber Doktor, sagen Sie mir vielmehr: wo sind jetzt die großen Ochsen, die, wie mein Vater mir einst erzählte, auf dem jüdischen Kirchhofe hier zu Frankfurt herumliefen und in der Nacht so entsetzlich brüllten, daß die Ruhe der Nachbarn dadurch gestört wurde?«

»Ihr Herr Vater«, rief Börne lachend, »hat Ihnen in der Tat keine Unwahrheit gesagt. Es existierte früherhin der Gebrauch, daß die jüdischen Viehhändler die männliche Erstgeburt ihrer Kühe nach biblischer Vorschrift dem lieben Gotte widmeten und in dieser Absicht, aus allen Gegenden Deutschlands, hierher nach Frankfurt brachten, wo man jenen Ochsen Gottes den jüdischen Kirchhof zum Grasen anwies und wo sie bis an ihr seliges Ende sich herumtrieben und wirklich oft entsetzlich brüllten. Aber die alten Ochsen sind jetzt tot, und das heutige Rindvieh hat nicht mehr den rechten Glauben, und ihre Erstgeburten bleiben ruhig daheim, wenn sie nicht gar zum Christentume übergehen. Die alten Ochsen sind tot.«

Ich kann nicht umhin, bei dieser Gelegenheit zu erwähnen, daß mich Börne während meines Aufenthalts in Frankfurt einlud, bei einem seiner Freunde zu Mittag zu speisen, und zwar weil derselbe, in getreuer Beharrnis an jüdischen Gebräuchen, mir die berühmte Schaletspeise vorsetzen werde; und in der Tat, ich erfreute mich dort jenes Gerichtes, das vielleicht noch ägyptischen Ursprungs und alt wie die Pyramiden ist. Ich wundre mich, daß Börne späterhin, als er scheinbar in humoristischer Laune, in der Tat aber aus plebejischer Absicht, durch mancherlei Erfindungen und Insinuationen, wie gegen Kronenträger überhaupt, so auch gegen ein gekröntes Dichterhaupt den Pöbel verhetzte … ich wundre mich, daß er in seinen Schriften nie erzählt hat, mit welchem Appetit, mit welchem Enthusiasmus, mit welcher Andacht, mit welcher Überzeugung ich einst beim Doktor St..... das altjüdische Schaletessen verzehrt habe! Dieses Gericht ist aber auch ganz vortrefflich, und es ist schmerzlichst zu bedauern, daß die christliche Kirche, die dem alten Judentume soviel Gutes entlehnte, nicht auch den Schalet adoptiert habe. Vielleicht hat sie sich dieses für die Zukunft noch vorbehalten, und wenn es ihr mal ganz schlecht geht, wenn ihre heiligsten Symbole, sogar das Kreuz, seine Kraft verloren, greift die christliche Kirche zum Schaletessen, und die entwischten Völker werden sich wieder mit neuem Appetit in ihren Schoß hineindrängen. Die Juden wenigstens werden sich alsdann auch mit Überzeugung dem Christentume anschließen ... denn, wie ich klar einsehe, es ist nur der Schalet, der sie zusammenhält in ihrem alten Bunde. Börne versicherte mir sogar, daß die Abtrünnigen, welche zum neuen Bunde übergegangen, nur den Schalet zu riechen brauchen, um ein gewisses Heimweh nach der Synagoge zu empfinden, daß der Schalet sozusagen der Kuhreigen der Juden sei.

Auch nach Bornheim sind wir miteinander hinausgefahren, am Sabbat, um dort Kaffee zu trinken und die Töchter Israels zu betrachten ... Es waren schöne Mädchen und rochen nach Schalet, allerliebst. Börne zwinkerte mit den Augen. In diesem geheimnisvollen Zwinkern, in diesem unsicher lüsternen Zwinkern, das sich vor der innern Stimme fürchtet, lag die ganze Verschiedenheit unserer Gefühlsweise. Börne nämlich war, wenn auch nicht in seinen Gedanken, doch desto mehr in seinen Gefühlen, ein Sklave der nazarenischen Abstinenz; und wie es allen Leuten seinesgleichen geht, die zwar die sinnliche Enthaltsamkeit als höchste Tugend anerkennen, aber nicht vollständig ausüben können, so wagte er es nur im verborgenen, zitternd und errötend, wie ein genäschiger Knabe, von Evas verbotenen Äpfeln zu kosten. Ich weiß nicht, ob bei diesen Leuten der Genuß intensiver ist als bei uns, die wir dabei den Reiz des geheimen Unterschleifs, der moralischen Konterbande, entbehren; behauptet man doch, daß Mahomet seinen Türken den Wein verboten hat, damit er ihnen desto süßer schmecke.

In großer Gesellschaft war Börne wortkarg und einsilbig, und dem Fluß der Rede überließ er sich nur im Zwiegespräch, wenn er glaubte, sich neben einem gleichgesinnten Menschen zu befinden. Daß Börne mich für einen solchen ansah, war ein Irrtum, der späterhin für mich sehr viele Verdrießlichkeiten zur Folge hatte. Schon damals in Frankfurt harmonierten wir nur im Gebiete der Politik, keineswegs in den Gebieten der Philosophie oder der Kunst oder der Natur – die ihm sämtlich verschlossen waren. Vielleicht entfallen mir späterhin in dieser Beziehung einige charakteristische Züge. Wir waren überhaupt von entgegengesetztem Wesen, und diese Verschiedenheit wurzelte am Ende vielleicht nicht bloß in unserer moralischen, sondern auch physischen Natur.

Es gibt im Grunde nur zwei Menschensorten, die mageren und die fetten, oder vielmehr Menschen, die immer dünner werden, und solche, die aus schmächtigen Anfängen allmählich zur ründlichsten Korpulenz übergehen. Die ersteren sind eben die gefährliche Sorte, die Cäsar so sehr fürchtete – »ich wollte, er wäre fetter«, sagt er von Cassius. Brutus war von einer ganz anderen Sorte, und ich bin überzeugt, wenn er nicht die Schlacht bei Philippi verloren und sich bei dieser Gelegenheit erstochen hätte, wäre er ebenso dick geworden wie der Schreiber dieser Blätter. – »Und Brutus war ein braver Mann.«

Da ich hier an Shakespeare erinnert werde, so ergreife ich die Gelegenheit, mich für eine alte Lesart zu erklären, die den Hamlet »fett« nennt. – Bedauernswürdiger Prinz von Dänemark! die Natur hatte dich dazu bestimmt, in glücklichster Wohlbeleibtheit deine Tage zu verschlendern, und da fällt auf einmal die Welt aus ihren Angeln, und du sollst sie wieder einrahmen! Armer dicker Dänenprinz! – – –

Die drei Tage, welche ich in Frankfurt in Börnes Gesellschaft zubrachte, verflossen in fast idyllischer Friedsamkeit. Er bestrebte sich angelegentlichst, mir zu gefallen. Er ließ die Raketen seines Witzes so heiter als möglich aufleuchten, und wie bei chinesischen Feuerwerken am Ende der Feuerwerker selbst unter sprühendem Flammengeprassel in die Luft steigt, so schlossen die humoristischen Reden des Mannes immer mit einem tollen Brillantfeuer, worin er sich selbst aufs keckste preisgab. Er war harmlos wie ein Kind. Bis zum letzten Augenblick meines Aufenthalts in Frankfurt lief er gemütlich neben mir einher, mir an den Augen ablauschend, ob er mir vielleicht noch irgendeine Liebe erweisen könne. Er wußte, daß ich auf Veranlassung des alten Baron Cotta nach München reiste, um dort die Redaktion der »Politischen Annalen« zu übernehmen und auch einigen projektierten literarischen Instituten meine Tätigkeit zu widmen. Es galt damals, für die liberale Presse jene Organe zu schaffen, die späterhin so heilsamen Einfluß üben könnten; es galt, die Zukunft zu säen, eine Aussaat, für welche in der Gegenwart nur die Feinde Augen hatten, so daß der arme Sämann schon gleich nur Ärger und Schmähung einerntete. Männiglich bekannt sind die giftigen Jämmerlichkeiten, welche die ultramontane aristokratische Propaganda in München gegen mich und meine Freunde ausübte.

»Hüten Sie sich, in München mit den Pfaffen zu kollidieren«, waren die letzten Worte, welche mir Börne beim Abschied ins Ohr flüsterte. Als ich schon im Coupé des Postwagens saß, blickte er mir noch lange nach, wehmütig wie ein alter Seemann, der sich aufs feste Land zurückgezogen hat und sich von Mitleid bewegt fühlt, wenn er einen jungen Fant sieht, der sich zum ersten Male aufs Meer begibt ... Der Alte glaubte damals, dem tückischen Elemente auf ewig Valet gesagt zu haben und den Rest seiner Tage im sichern Hafen beschließen zu können! Armer Mann! Die Götter wollten ihm diese Ruhe nicht gönnen! Er mußte bald wieder hinaus auf die hohe See, und dort begegneten sich unsere Schiffe, während jener furchtbare Sturm wütete, worin er zugrunde ging. Wie das heulte! wie das krachte! Beim Licht der gelben Blitze, die aus dem schwarzen Gewölk herabschossen, konnte ich genau sehen, wie Mut und Sorge auf dem Gesichte des Mannes schmerzlich wechselten! Er stand am Steuer seines Schiffes und trotzte dem Ungestüm der Wellen, die ihn manchmal zu verschlingen drohten, manchmal ihn nur kleinlich bespritzten und durchnäßten, was einen so kummervollen und zugleich komischen Anblick gewährte, daß man darüber weinen und lachen konnte. Armer Mann! Sein Schiff war ohne Anker und sein Herz ohne Hoffnung ... Ich sah, wie der Mast brach, wie die Winde das Tauwerk zerrissen ... Ich sah, wie er die Hand nach mir ausstreckte ...

Ich durfte sie nicht erfassen, ich durfte die kostbare Ladung, die heiligen Schätze, die mir vertraut, nicht dem sichern Verderben preisgeben ... Ich trug an Bord meines Schiffes die Götter der Zukunft.

Zweites Buch

Helgoland, den 1. Julius 1830

- - Ich selber bin dieses Guerillakrieges müde und sehne mich nach Ruhe, wenigstens nach einem Zustand, wo ich mich meinen natürlichen Neigungen, meiner träumerischen Art und Weise, meinem phantastischen Sinnen und Grübeln ganz fesselos hingeben kann. Welche Ironie des Geschickes, daß ich, der ich mich so gerne auf die Pfühle des stillen beschaulichen Gemütlebens bette, daß eben ich dazu bestimmt war, meine armen Mitdeutschen aus ihrer Behaglichkeit hervorzugeißeln und in die Bewegung hineinzuhetzen! Ich, der ich mich am liebsten damit beschäftige, Wolkenzüge zu beobachten, metrische Wortzauber zu erklügeln, die Geheimnisse der Elementargeister zu erlauschen und mich in die Wunderwelt alter Märchen zu versenken ... ich mußte politische Annalen herausgeben, Zeitinteressen vortragen, revolutionäre Wünsche anzetteln, die Leidenschaften aufstacheln, den armen deutschen Michel beständig an der Nase zupfen, daß er aus seinem gesunden Riesenschlaf erwache ... Freilich, ich konnte dadurch bei dem schnarchenden Giganten nur ein sanftes Niesen, keineswegs aber ein Erwachen bewirken ... Und riß ich auch heftig an seinem Kopfkissen, so rückte er es sich doch wieder zurecht mit schlaftrunkener Hand ... Einst wollte ich aus Verzweiflung seine Nachtmütze in Brand stecken, aber sie war so feucht von Gedankenschweiß, daß sie nur gelinde rauchte ... und Michel lächelte im Schlummer ...

Ich bin müde und lechze nach Ruhe. Ich werde mir ebenfalls eine deutsche Nachtmütze anschaffen und über die Ohren ziehen. Wenn ich nur wüßte, wo ich jetzt mein Haupt niederlegen kann. In Deutschland ist es unmöglich. Jeden Augenblick würde ein Polizeidiener herankommen und mich rütteln, um zu erproben, ob ich wirklich schlafe; schon diese Idee verdirbt mir alles Behagen. Aber in der Tat, wo soll ich hin? Wieder nach Süden? Nach dem Lande, wo die Zitronen blühen und die Goldorangen? Ach! vor jedem Zitronenbaum steht dort eine östreichische Schildwache und donnert dir ein schreckliches »Werda!« entgegen. Wie die Zitronen, so sind auch die Goldorangen jetzt sehr sauer. Oder soll ich nach Norden? Etwa nach Nordosten? Ach, die Eisbären sind jetzt gefährlicher als je, seitdem sie sich zivilisieren und Glacéhandschuh' tragen. Oder soll ich wieder nach dem verteufelten England, wo ich nicht in effigie hängen, wieviel weniger in Person leben möchte! Man sollte einem noch Geld dazugeben, um dort zu wohnen, und statt dessen kostet einem der Aufenthalt in England doppelt soviel wie an anderen Orten. Nimmermehr nach diesem schnöden Lande, wo die Maschinen sich wie Menschen und die Menschen wie Maschinen gebärden. Das schnurrt und schweigt so beängstigend. Als ich dem hiesigen Gouverneur präsentiert wurde und dieser Stockengländer mehrere Minuten, ohne ein Wort zu sprechen, unbeweglich vor mir stand, kam es mir unwillkürlich in den Sinn, ihn einmal von hinten zu betrachten, um nachzusehen, ob man etwa dort vergessen habe, die Maschinen aufzuziehen. Daß die Insel Helgoland unter britischer Herrschaft steht, ist mir schon hinlänglich fatal. Ich bilde mir manchmal ein, ich röche jene Langeweile, welche Albions Söhne überall ausdünsten. In der Tat, aus jedem Engländer entwickelt sich ein gewisses Gas, die tödliche Stickluft der Langeweile, und dieses habe ich mit eigenen Augen beobachtet, nicht in England, wo die Atmosphäre ganz davon geschwängert ist, aber in südlichen Ländern, wo der reisende Brite isoliert umherwandert und die graue Aureole der Langeweile, die sein Haupt umgibt, in der sonnig blauen Luft recht schneidend sichtbar wird. Die Engländer freilich glauben, ihre dicke Langeweile sei ein Produkt des Ortes, und um derselben zu entfliehen, reisen sie durch alle Lande, langweilen sich überall und kehren heim mit einem Diary of an ennuyé. Es geht ihnen wie dem Soldaten, dem seine Kameraden, als er schlafend auf der Pritsche lag, Unrat unter die Nase rieben; als er erwachte, bemerkte er, es röche schlecht in der Wachtstube, und er ging hinaus, kam aber bald zurück und behauptete, auch draußen röche es übel, die ganze Welt stänke.

Einer meiner Freunde, welcher jüngst aus Frankreich kam, behauptete, die Engländer bereisten den Kontinent aus Verzweiflung über die plumpe Küche ihrer Heimat; an den französischen Table d'hôten sähe man dicke Engländer, die nichts als Vol-au-Vents, Crème, Suprêmes, Ragouts, Gelees und dergleichen luftige Speisen verschluckten, und zwar mit jenem kolossalen Appetite, der sich daheim an Roastbeefmassen und Yorkshirer Plumpudding geübt hatte und wodurch am Ende alle französische Gastwirte zugrunde gehen müssen. Ist etwa wirklich die Exploitation der Table d'hôten der geheime Grund, weshalb die Engländer herumreisen? Während wir über die Flüchtigkeit lächeln, womit sie überall die Merkwürdigkeiten und Gemäldegalerien ansehen, sind sie es vielleicht, die uns mystifizieren, und ihre belächelte Neugier ist nichts als ein pfiffiger Deckmantel für ihre gastronomischen Absichten?

Aber wie vortrefflich auch die französische Küche, in Frankreich selbst soll es jetzt schlecht aussehen, und die große Retirade hat noch kein Ende. Die Jesuiten florieren dort und singen Triumphlieder. Die dortigen Machthaber sind dieselben Toren, denen man bereits vor funfzig Jahren die Köpfe abgeschlagen ... Was half's! sie sind dem Grabe wieder entstiegen, und jetzt ist ihr Regiment törichter als früher; denn als man sie aus dem Totenreich ans Tageslicht herauffließ, haben manche von ihnen, in der Hast, den ersten besten Kopf aufgesetzt, der ihnen zur Hand lag, und da ereigneten sich gar heillose Mißgriffe: die

Köpfe passen manchmal nicht zu dem Rumpf und zu dem Herzen, das darin spukt. Da ist mancher, welcher wie die Vernunft selbst auf der Tribüne sich ausspricht, so daß wir den klugen Kopf bewundern, und doch läßt er sich gleich darauf von dem unverbesserlich verrückten Herzen zu den dümmsten Handlungen verleiten ... Es ist ein grauenhafter Widerspruch zwischen den Gedanken und Gefühlen, den Grundsätzen und Leidenschaften, den Reden und den Taten dieser Revenants!

Oder soll ich nach Amerika, nach diesem ungeheuren Freiheitsgefängnis, wo die unsichtbaren Ketten mich noch schmerzlicher drücken würden als zu Hause die sichtbaren und wo der widerwärtigste aller Tyrannen, der Pöbel, seine rohe Herrschaft ausübt! Du weißt, wie ich über dieses gottverfluchte Land denke, das ich einst liebte, als ich es nicht kannte ... Und doch muß ich es öffentlich loben und preisen, aus Metierpflicht ... Ihr lieben deutschen Bauern! geht nach Amerika! dort gibt es weder Fürsten noch Adel, alle Menschen sind dort gleich, gleiche Flegel ... mit Ausnahme freilich einiger Millionen, die eine schwarze oder braune Haut haben und wie die Hunde behandelt werden! Die eigentliche Sklaverei, die in den meisten nordamerikanischen Provinzen abgeschafft, empört mich nicht so sehr wie die Brutalität, womit dort die freien Schwarzen und die Mulatten behandelt werden. Wer auch nur im entferntesten Grade von einem Neger stammt und wenn auch nicht mehr in der Farbe, sondern nur in der Gesichtsbildung eine solche Abstammung verrät, muß die größten Kränkungen erdulden, Kränkungen, die uns in Europa fabelhaft dünken. Dabei machen diese Amerikaner großes Wesen von ihrem Christentum und sind die eifrigsten Kirchengänger. Solche Heuchelei haben sie von den Engländern gelernt, die ihnen übrigens ihre schlechtesten Eigenschaften zurückließen. Der weltliche Nutzen ist ihre eigentliche Religion, und das Geld ist ihr Gott, ihr einziger, allmächtiger Gott. Freilich, manches edle Herz mag dort im stillen die allgemeine Selbstsucht und Ungerechtigkeit bejammern. Will es aber gar dagegen ankämpfen, so harret seiner ein Märtyrtum, das alle europäische Begriffe übersteigt. Ich glaube, es war in New York, wo ein protestantischer Prediger über die Mißhandlung der farbigen Menschen so empört war, daß er, dem grausamen Vorurteil trotzend, seine eigene Tochter mit einem Neger verheuratete. Sobald diese wahrhaft christliche Tat bekannt wurde, stürmte das Volk nach dem Hause des Predigers, der nur durch die

Flucht dem Tode entrann; aber das Haus ward demoliert, und die Tochter des Predigers, das arme Opfer, ward vom Pöbel ergriffen und mußte seine Wut entgelten. She was flinshed, d.h., sie ward splitternackt ausgekleidet, mit Teer bestrichen, in den aufgeschnittenen Federbetten herumgewälzt, in solcher anklebenden Federhülle durch die ganze Stadt geschleift und verhöhnt ...

O Freiheit! du bist ein böser Traum!

Helgoland, den 8. Julius

– – Da gestern Sonntag war und eine bleierne Langeweile über der ganzen Insel lag und mir fast das Haupt eindrückte, griff ich aus Verzweiflung zur Bibel ... und ich gestehe es Dir, trotzdem daß ich ein heimlicher Hellene bin, hat mich das Buch nicht bloß gut unterhalten, sondern auch weidlich erbaut. Welch ein Buch! groß und weit wie die Welt, wurzelnd in die Abgründe der Schöpfung und hinaufragend in die blauen Geheimnisse des Himmels ... Sonnenaufgang und Sonnenuntergang, Verheißung und Erfüllung, Geburt und Tod, das ganze Drama der Menschheit, alles ist in diesem Buche ... Es ist das Buch der Bücher, Biblia. Die Juden sollten sich leicht trösten, daß sie Jerusalem und den Tempel und die Bundeslade und die goldenen Geräte und Kleinodien Salomonis eingebüßt haben ... solcher Verlust ist doch nur geringfügig in Vergleichung mit der Bibel, dem unzerstörbaren Schatze, den sie gerettet. Wenn ich nicht irre, war es Mahomet, welcher die Juden »das Volk des Buches« nannte, ein Name, der ihnen bis heutigen Tag im Oriente verblieben und tiefsinnig bezeichnend ist. Ein Buch ist ihr Vaterland, ihr Besitz, ihr Herrscher, ihr Glück und ihr Unglück. Sie leben in den umfriedeten Marken dieses Buches, hier üben sie ihr unveräußerliches Bürgerrecht, hier kann man sie nicht verjagen, nicht verachten, hier sind sie stark und bewundrungswürdig. Versenkt in der Lektüre dieses Buches, merkten sie wenig von den Veränderungen, die um sie her in der wirklichen Welt vorfielen; Völker erhuben sich und schwanden, Staaten blühten empor und erloschen, Revolutionen stürmten über den Erdboden ... sie aber, die Juden, lagen gebeugt über ihrem Buche und merkten nichts von der Wilden Jagd der Zeit, die über ihre Häupter dahinzog!

Wie der Prophet des Morgenlandes sie »das Volk des Buches« nannte, so hat sie der Prophet des Abendlands in seiner Philosophie der Geschichte als »das Volk des Geistes« bezeichnet. Schon in ihren frühesten Anfängen, wie wir im Pentateuch bemerken, bekunden die Juden ihre Vorneigung für das Abstrakte, und ihre ganze Religion ist nichts als ein Akt der Dialektik, wodurch Materie und Geist getrennt und das Absolute nur in der alleinigen Form des Geistes anerkannt wird. Welche schauerlich isolierte Stellung mußten sie einnehmen unter den Völkern des Altertums, die, dem freudigsten Naturdienste ergeben, den Geist vielmehr in den Erscheinungen der Materie, in Bild und Symbol, begriffen! Welche entsetzliche Opposition bildeten sie deshalb gegen das buntgefärbte, hieroglyphenwimmelnde Ägypten, gegen Phönizien, den großen Freudetempel der Astarte, oder gar gegen die schöne Sünderin, das holde, süßduftige Babylon, und endlich gar gegen Griechenland, die blühende Heimat der Kunst!

Es ist ein merkwürdiges Schauspiel, wie das Volk des Geistes sich allmählich ganz von der Materie befreit, sich ganz spiritualisiert. Moses gab dem Geiste gleichsam materielle Bollwerke, gegen den realen Andrang der Nachbarvölker: rings um das Feld, wo er Geist gesäet, pflanzte er das schroffe Zeremonialgesetz und eine egoistische Nationalität als schützende Dornhecke. Als aber die heilige Geistpflanze so tiefe Wurzel geschlagen und so himmelhoch emporgeschossen, daß sie nicht mehr ausgereutet werden konnte, da kam Jesus Christus und riß das Zeremonialgesetz nieder, das fürder keine nützliche Bedeutung mehr hatte, und er sprach sogar das Vernichtungsurteil über die jüdische Nationalität ... Er berief alle Völker der Erde zur Teilnahme an dem Reiche Gottes, das früher nur einem einzigen auserlesenen Gottesvolke gehörte, er gab der ganzen Menschheit das jüdische Bürgerrecht ... Das war eine große Emanzipationsfrage, die jedoch weit großmütiger gelöst wurde wie die heutigen Emanzipationsfragen in Sachsen und Hannover ... Freilich, der Erlöser, der seine Brüder vom Zeremonialgesetz und der Nationalität befreite und den Kosmopolitismus stiftete, ward ein Opfer seiner Humanität, und der Stadtmagistrat von Jerusalem ließ ihn kreuzigen, und der Pöbel verspottete ihn ...

Aber nur der Leib ward verspottet und gekreuzigt, der Geist ward verherrlicht, und das Märtyrtum des Triumphators, der dem Geiste die Weltherrschaft erwarb, ward Sinnbild dieses Sieges, und die ganze Menschheit strebte seitdem, in imitationem Christi, nach leiblicher Abtötung und übersinnlichem Aufgehen im absoluten Geiste ...

Wann wird die Harmonie wieder eintreten, wann wird die Welt wieder gesunden von dem einseitigen Streben nach Vergeistigung, dem tollen Irrtume, wodurch sowohl Seele wie Körper erkrankten! Ein großes Heilmittel liegt in der politischen Bewegung und in der Kunst. Napoleon und Goethe haben trefflich gewirkt. Jener, indem er die Völker zwang, sich allerlei gesunde Körperbewegung zu gestatten; dieser, indem er uns wieder für griechische Kunst empfänglich machte und solide Werke schuf, woran wir uns, wie an marmornen Götterbildern, festklammern können, um nicht unterzugehen im Nebelmeer des absoluten Geistes …

Helgoland, den 18. Julius
Im Alten Testamente habe ich das erste Buch Mosis ganz durchgelesen. Wie lange Karawanenzüge zog die heilige Vorwelt durch meinen Geist. Die Kamele ragen hervor. Auf ihrem hohen Rücken sitzen die verschleierten Rosen von Kanaan. Fromme Viehhirten, Ochsen und Kühe vor sich hin treibend. Das zieht über kahle Berge, heiße Sandflächen, wo nur hie und da eine Palmengruppe zum Vorschein kommt und Kühlung fächelt. Die Knechte graben Brunnen. Süßes, stilles, hellsonniges Morgenland! Wie lieblich ruht es sich unter deinen Zelten! O Laban, könnte ich deine Herden weiden! Ich würde dir gerne sieben Jahre dienen um Rahel und noch andere sieben Jahre für die Lea, die du mir in den Kauf gibst! Ich höre, wie sie blöken, die Schafe Jakobs, und ich sehe, wie er ihnen die geschälten Stäbe vorhält, wenn sie in der Brunstzeit zur Tränke gehn. Die gesprenkelten gehören jetzt uns. Unterdessen kommt Ruben nach Hause und bringt seiner Mutter einen Strauß Dudaim, die er auf dem Felde gepflückt. Rahel verlangt die Dudaim, und Lea gibt sie ihr mit der Bedingung, daß Jakob dafür die nächste Nacht bei ihr schlafe. Was sind Dudaim? Die Kommentatoren haben sich vergebens darüber den Kopf zerbrochen. Luther weiß sich nicht besser zu helfen, als daß er diese Blumen ebenfalls Dudaim nennt. Es sind vielleicht schwäbische Gelbveiglein. Die Liebesgeschichte von der Dina und dem jungen Sichem hat mich sehr gerührt. Ihre Brüder Simeon und Levy haben jedoch die Sache nicht so sentimentalisch aufgefaßt. Abscheulich ist es, daß sie den unglücklichen Sichem und alle seine Angehörigen mit grimmiger Hinterlist erwürgten, obgleich der arme Liebhaber sich anheischig machte, ihre Schwester zu heuraten, ihnen Länder und Güter zu geben, sich mit ihnen zu einer einzigen Familie zu verbünden, obgleich er bereits in dieser Absicht sich und sein ganzes Volk beschneiden ließ. Die beiden Burschen hätten froh

sein sollen, daß ihre Schwester eine so glänzende Partie machte, die angelobte Verschwägerung war für ihren Stamm von höchstem Nutzen, und dabei gewannen sie, außer der kostbarsten Morgengabe, auch eine gute Strecke Land, dessen sie eben sehr bedurften ... Man kann sich nicht anständiger aufführen wie dieser verliebte Sichemprinz, der am Ende doch nur aus Liebe die Rechte der Ehe antizipiert hatte ... Aber das ist es, er hatte ihre Schwester geschwächt, und für dieses Vergehen gibt es bei jenen ehrstolzen Brüdern keine andere Buße als den Tod ... und wenn der Vater sie ob ihrer blutigen Tat zur Rede stellt und die Vorteile erwähnt, die ihnen die Verschwägerung mit Sichem verschafft hätte, antworten sie: »Sollten wir etwa Handel treiben mit der Jungferschaft unserer Schwester?«

Störrige, grausame Herzen, diese Brüder. Aber unter dem harten Stein duftet das zarteste Sittlichkeitsgefühl. Sonderbar, dieses Sittlichkeitsgefühl, wie es sich noch bei anderen Gelegenheiten im Leben der Erzväter äußert, ist nicht Resultat einer positiven Religion oder einer politischen Gesetzgebung – nein, damals gab es bei den Vorfahren der Juden weder positive Religion noch politisches Gesetz, beides entstand erst in späterer Zeit. Ich glaube daher behaupten zu können, die Sittlichkeit ist unabhängig von Dogma und Legislation, sie ist ein reines Produkt des gesunden Menschengefühls, und die wahre Sittlichkeit, die Vernunft des Herzens, wird ewig fortleben, wenn auch Kirche und Staat zugrunde gehen.

Ich wünschte, wir besäßen ein anderes Wort zur Bezeichnung dessen, was wir jetzt Sittlichkeit nennen. Wir könnten sonst verleitet werden, die Sittlichkeit als ein Produkt der Sitte zu betrachten. Die romanischen Völker sind in demselben Falle, indem ihr morale von mores abgeleitet worden. Aber wahre Sittlichkeit ist, wie von Dogma und Legislation, so auch von den Sitten eines Volks unabhängig. Letztere sind Erzeugnisse des Klimas, der Geschichte, und aus solchen Faktoren entstandenen Legislation und Dogmatik. Es gibt daher eine indische, eine chinesische, eine christliche Sitte, aber es gibt nur eine einzige, nämlich eine menschliche Sittlichkeit. Diese läßt sich vielleicht nicht im Begriff erfassen, und das Gesetz der Sittlichkeit, das wir Moral nennen, ist nur eine dialektische Spielerei. Die Sittlichkeit offenbart sich in Handlungen, und nur in den Motiven derselben, nicht in ihrer Form und Farbe, liegt die sittliche Bedeutung. Auf dem Titelblatt von Golowins »Reise nach Japan« stehen als Motto die schönen Worte, welche der russische

Reisende von einem vornehmen Japanesen vernommen: »Die Sitten der Völker sind verschieden, aber gute Handlungen werden überall als solche anerkannt werden.«

Solange ich denke, habe ich über diesen Gegenstand, die Sittlichkeit, nachgedacht. Das Problem über die Natur des Guten und Bösen, das seit anderthalb Jahrtausend alle große Gemüter in quälende Bewegung gesetzt, hat sich bei mir nur in der Frage von der Sittlichkeit geltend gemacht – –

Aus dem Alten Testament springe ich manchmal ins Neue, und auch hier überschauert mich die Allmacht des großen Buches. Welchen heiligen Boden betritt hier dein Fuß! Bei dieser Lektüre sollte man die Schuhe ausziehen, wie in der Nähe von Heiligtümern.

Die merkwürdigsten Worte des Neuen Testaments sind für mich die Stelle im Evangelium Johannis, Kap. 16, V. 12. 13. »Ich habe euch noch viel zu sagen, aber ihr könnet es jetzt nicht tragen. Wenn aber jener, der Geist der Wahrheit, kommen wird, der wird euch in alle Wahrheit leiten. Denn er wird nicht von sich selbst reden, sondern was er hören wird, das wird er reden, und was zukünftig ist, wird er euch verkündigen.« Das letzte Wort ist also nicht gesagt worden, und hier ist vielleicht der Ring, woran sich eine neue Offenbarung knüpfen läßt. Sie beginnt mit der Erlösung vom Worte, macht dem Märtyrtum ein Ende und stiftet das Reich der ewigen Freude: das Millennium. Alle Verheißungen finden zuletzt die reichste Erfüllung.

Eine gewisse mystische Doppelsinnigkeit ist vorherrschend im Neuen Testamente. Eine kluge Abschweifung, nicht ein System sind die Worte: »Gib Cäsars, was des Cäsars, und Gott, was Gottes ist.« So auch, wenn man Christum frägt: »Bist du König der Juden?«, ist die Antwort ausweichend. Ebenfalls auf die Frage, ob er Gottes Sohn sei. Mahomet zeigt sich weit offener, bestimmter. Als man ihn mit einer ähnlichen Frage anging, nämlich, ob er Gottes Sohn sei, antwortete er: »Gott hat keine Kinder.«

Welch ein großes Drama ist die Passion! Und wie tief ist es motiviert durch die Prophezeiungen des Alten Testamentes! Sie konnte nicht umgangen werden, sie war das rote Siegel der Beglaubnis. Gleich den Wundern, so hat auch die Passion als Annonce gedient … Wenn jetzt ein Heiland aufsteht, braucht er sich nicht mehr kreuzigen zu lassen, um seine Lehre eindrücklich zu veröffentlichen … er läßt sie ruhig drucken und annunziert das Büchlein in der »Allgemeinen Zeitung« mit sechs Kreuzern die Zeile Inserationsgebühr.

Welche süße Gestalt, dieser Gottmensch! Wie borniert erscheint in Vergleichung mit ihm der Heros des Alten Testaments! Moses liebt sein Volk mit einer rührenden Innigkeit; wie eine Mutter sorgt er für die Zukunft dieses Volks. Christus liebt die Menschheit, jene Sonne umflammte die ganze Erde mit den wärmenden Strahlen seiner Liebe. Welch ein lindernder Balsam für alle Wunden dieser Welt sind seine Worte! Welch ein Heilquell für alle Leidende war das Blut, welches auf Golgatha floß! ... Die weißen marmornen Griechengötter wurden bespritzt von diesem Blute und erkrankten vor innerem Grauen und konnten nimmermehr genesen! Die meisten freilich trugen schon längst in sich das verzehrende Siechtum, und nur der Schreck beschleunigte ihren Tod. Zuerst starb Pan. Kennst Du die Sage, wie Plutarch sie erzählt? Diese Schiffersage des Altertums ist höchst merkwürdig. – Sie lautet folgendermaßen:

Zur Zeit des Tiberius fuhr ein Schiff nahe an den Inseln Parä, welche an der Küste von Ätolien liegen, des Abends vorüber. Die Leute, die sich darauf befanden, waren noch nicht schlafen gegangen, und viele saßen nach dem Nachtessen beim Trinken, als man auf einmal von der Küste her eine Stimme vernahm, welche den Namen des Thamus (so hieß nämlich der Steuermann) so laut rief, daß alle in die größte Verwunderung gerieten. Beim ersten und zweiten Rufe schwieg Thamus, beim dritten antwortete er; worauf dann die Stimme mit noch verstärktem Tone diese Worte zu ihm sagte: »Wenn du auf die Höhe von Palodes anlangst, so verkündige, daß der große Pan gestorben ist!« Als er nun diese Höhe erreichte, vollzog Thamus den Auftrag und rief vom Hinterteil des Schiffes nach dem Lande hin: »Der große Pan ist tot!« Auf diesen Ruf erfolgten von dort her die sonderbarsten Klagetöne, ein Gemisch von Seufzen und Geschrei der Verwunderung, und wie von vielen zugleich erhoben. Die Augenzeugen erzählten dies Ereignis in Rom, wo man die wunderlichsten Meinungen darüber äußerte. Tiberius ließ die Sache näher untersuchen und zweifelte nicht an der Wahrheit.

Helgoland, den 29. Julius
Ich habe wieder im Alten Testamente gelesen. Welch ein großes Buch! Merkwürdiger noch als der Inhalt ist für mich diese Darstellung, wo

das Wort gleichsam ein Naturprodukt ist, wie ein Baum, wie eine Blume, wie das Meer, wie die Sterne, wie der Mensch selbst. Das sproßt, das fließt, das funkelt, das lächelt, man weiß nicht wie, man weiß nicht warum, man findet alles ganz natürlich. Das ist wirklich das Wort Gottes, statt daß andere Bücher nur von Menschenwitz zeugen. Im Homer, dem anderen großen Buche, ist die Darstellung ein Produkt der Kunst, und wenn auch der Stoff immer, ebenso wie in der Bibel, aus der Realität aufgegriffen ist, so gestaltet er sich doch zu einem poetischen Gebilde, gleichsam umgeschmolzen im Tiegel des menschlichen Geistes; er wird geläutert durch einen geistigen Prozeß, welchen wir die Kunst nennen. In der Bibel erscheint auch keine Spur von Kunst; das ist der Stil eines Notizenbuchs, worin der absolute Geist, gleichsam ohne alle individuelle menschliche Beihülfe, die Tagesvorfälle eingezeichnet, ungefähr mit derselben tatsächlichen Treue, womit wir unsere Waschzettel schreiben. Über diesen Stil läßt sich gar kein Urteil aussprechen, man kann nur seine Wirkung auf unser Gemüt konstatieren, und nicht wenig mußten die griechischen Grammatiker in Verlegenheit geraten, als sie manche frappante Schönheiten in der Bibel nach hergebrachten Kunstbegriffen definieren sollten. Longinus spricht von Erhabenheit. Neuere Ästhetiker sprechen von Naivität. Ach! wie gesagt, hier fehlen alle Maßstäbe der Beurteilung die Bibel ist das Wort Gottes.

Nur bei einem einzigen Schriftsteller finde ich etwas, was an jenen unmittelbaren Stil der Bibel erinnert. Das ist Shakespeare. Auch bei ihm tritt das Wort manchmal in jener schauerlichen Nacktheit hervor, die uns erschreckt und erschüttert; in den Shakespeareschen Werken sehen wir manchmal die leibhaftige Wahrheit ohne Kunstgewand. Aber das geschieht nur in einzelnen Momenten; der Genius der Kunst, vielleicht seine Ohnmacht fühlend, überließ hier der Natur sein Amt auf einige Augenblicke und behauptet hernach um so eifersüchtiger seine Herrschaft in der plastischen Gestaltung und in der witzigen Verknüpfung des Dramas. Shakespeare ist zu gleicher Zeit Jude und Grieche, oder vielmehr beide Elemente, der Spiritualismus und die Kunst, haben sich in ihm versöhnungsvoll durchdrungen und zu einem höheren Ganzen entfaltet.

Ist vielleicht solche harmonische Vermischung der beiden Elemente die Aufgabe der ganzen europäischen Zivilisation? Wir sind noch sehr weit entfernt von einem solchen Resultate. Der Grieche Goethe und mit ihm die ganze poetische Partei hat in jüngster Zeit seine Antipathie gegen Jerusalem fast leidenschaftlich ausgesprochen. Die Gegenpartei, die keinen großen Namen an ihrer Spitze hat, sondern nur einige Schreihälse, wie z.B. der Jude Pustkuchen, der Jude Wolfgang Menzel, der Jude Hengstenberg, diese erheben ihr pharisäisches Zeter um so krächzender gegen Athen und den großen Heiden.

Mein Stubennachbar, ein Justizrat aus Königsberg, der hier badet, hält mich für einen Pietisten, da er immer, wenn er mir seinen Besuch abstattet, die Bibel in meinen Händen findet. Er möchte mich deshalb gern ein bißchen prickeln, und ein kaustisch ostpreußisches Lächeln beflimmert sein mageres hagestolzes Gesicht jedesmal, wenn er über Religion mit mir sprechen kann. Wir disputierten gestern über die Dreieinigkeit. Mit dem Vater ging es noch gut; das ist ja der Weltschöpfer, und jedes Ding muß seine Ursache haben. Es haperte schon bedeutend mit dem Glauben an den Sohn, den sich der kluge Mann gern verbitten möchte, aber jedoch am Ende, mit fast ironischer Gutmütigkeit, annahm. Jedoch die dritte Person der Dreieinigkeit, der Heilige Geist, fand den unbedingtesten Widerspruch. Was der Heilige Geist ist, konnte er durchaus nicht begreifen, und plötzlich auflachend, rief er: »Mit dem Heiligen Geist hat es wohl am Ende dieselbe Bewandtnis wie mit dem dritten Pferde, wenn man Extrapost reist; man muß immer dafür bezahlen und bekömmt es doch nie zu sehen, dieses dritte Pferd.«

Mein Nachbar, der unter mir wohnt, ist weder Pietist noch Rationalist, sondern ein Holländer, indolent und ausgebuttert wie der Käse, womit er handelt. Nichts kann ihn in Bewegung setzen, er ist das Bild der nüchternsten Ruhe, und sogar wenn er sich mit meiner Wirtin über sein Lieblingsthema, das Einsalzen der Fische, unterhält, erhebt sich seine Stimme nicht aus der plattesten Monotonie. Leider, wegen des dünnen Bretterbodens, muß ich manchmal dergleichen Gespräche anhören, und während ich hier oben mit dem Preußen über die Dreieinigkeit sprach, erklärte unten der Holländer, wie man Kabeljau, Laberdan und Stockfisch voneinander unterscheidet; es sei im Grunde ein und dasselbe.

Mein Hauswirt ist ein prächtiger Seemann, berühmt auf der ganzen Insel wegen seiner Unerschrockenheit in Sturm und Not, dabei gutmütig und sanft wie ein Kind. Er ist eben von einer großen Fahrt zurückgekehrt, und mit lustigem Ernste erzählte er mir von einem Phänomen, welches er gestern, am 28. Juli, auf der hohen See wahrnahm. Es klingt drollig: mein Hauswirt behauptet nämlich, die ganze See roch nach frischgebackenem Kuchen, und zwar sei ihm der warme delikate Kuchenduft so verführerisch in die Nase gestiegen, daß ihm ordentlich weh ums Herz ward. Siehst Du, das ist ein Seitenstück zu dem neckenden Lustbild, das dem lechzenden Wandrer in der arabischen Sandwüste eine klare erquickende Wasserfläche vorspiegelt. Eine gebackene Fata Morgana.

Helgoland, den 1. August
– – Du hast keinen Begriff davon, wie das Dolcefarniente mir hier behagt. Ich habe kein einziges Buch, das sich mit den Tagesinteressen beschäftigt, hierher mitgenommen. Meine ganze Bibliothek besteht aus Paul Warnefrieds »Geschichte der Longobarden«, der Bibel, dem Homer und einigen Scharteken über Hexenwesen. Über letzteres möchte ich gern ein interessantes Büchlein schreiben. Zu diesem Behufe beschäftigte ich mich jüngst mit Nachforschung über die letzten Spuren des Heidentums in der getauften modernen Zeit. Es ist höchst merkwürdig, wie lange und unter welchen Vermummungen sich die schönen Wesen der griechischen Fabelwelt in Europa erhalten haben. – Und im Grunde erhielten sie sich ja bei uns bis auf heutigen Tag, bei uns, den Dichtern. Letztere haben, seit dem Sieg der christlichen Kirche, immer eine stille Gemeinde gebildet, wo die Freude des alten Bilderdienstes, der jauchzende Götterglaube sich fortpflanzte von Geschlecht auf Geschlecht, durch die Tradition der heiligen Gesänge ... Aber ach! die Ecclesia pressa, die den Homeros als ihren Propheten verehrt, wird täglich mehr und mehr bedrängt, der Eifer der schwarzen Familiaren wird immer bedenklicher angefacht. Sind wir bedroht mit einer neuen Götterverfolgung?

Furcht und Hoffnung wechseln ab in meinem Geiste, und mir wird sehr ungewiß zumute.

– – Ich habe mich mit dem Meere wieder ausgesöhnt (Du weißt, wir waren en délicatesse), und wir sitzen wieder des Abends beisammen und halten geheime Zwiegespräche. Ja, ich will die Politik und die Philosophie an den Nagel hängen und mich wieder der Naturbetrachtung und der Kunst hingeben. Ist doch all dieses Quälen und Abmühen nutzlos, und obgleich ich mich marterte für das allgemeine Heil, so wird doch dieses wenig dadurch gefördert. Die Welt bleibt, nicht im starren Stillstand, aber im erfolglosesten Kreislauf. Einst, als ich noch jung und unerfahren, glaubte ich, daß, wenn auch im Befreiungskampfe der Menschheit der einzelne Kämpfer zugrunde geht, dennoch die große Sache am Ende siege ... Und ich erquickte mich an jenen schönen Versen Byrons:

»Die Wellen kommen eine nach der andern herangeschwommen, und eine nach der anderen zerbrechen sie und zerstieben sie auf dem Strande, aber das Meer selber schreitet vorwärts – –«

Ach! wenn man dieser Naturerscheinung länger zuschaut, so bemerkt man, daß das vorwärtsgeschrittene Meer, nach einem gewissen Zeitlauf, sich wieder in sein voriges Bett zurückzieht, später aufs neue daraus hervortritt, mit derselben Heftigkeit das verlassene Terrain wiederzugewinnen sucht, endlich kleinmütig wie vorher die Flucht ergreift und, dieses Spiel beständig wiederholend, dennoch niemals weiterkommt ... Auch die Menschheit bewegt sich nach den Gesetzen von Ebb' und Flut, und vielleicht auch auf die Geisterwelt übt der Mond seine siderischen Einflüsse. – –

Es ist heute junges Licht, und trotz aller wehmütigen Zweifelsucht, womit sich meine Seele hin und her quält, beschleichen mich wunderliche Ahnungen ... Es geschieht jetzt etwas Außerordentliches in der Welt ... Die See riecht nach Kuchen, und die Wolkenmönche sahen vorige Nacht so traurig aus, so betrübt ...

Ich wandelte einsam am Strand in der Abenddämmerung. Ringsum herrschte feierliche Stille. Der hochgewölbte Himmel glich der Kuppel einer gotischen Kirche. Wie unzählige Lampen hingen darin die Sterne; aber sie brannten düster und zitternd. Wie eine Wasserorgel rauschten die Meereswellen; stürmische Choräle, schmerzlich verzweiflungsvoll, jedoch mitunter auch triumphierend. Über mir ein luftiger Zug von weißen Wolkenbildern, die wie Mönche aussahen, alle gebeugten Hauptes und kummervollen Blickes dahinziehend, eine traurige Prozession ... Es sah fast aus, als ob sie einer Leiche folgten. ›Wer wird begraben? Wer ist gestorben?‹ sprach ich zu mir selber. ›Ist der große Pan tot?‹

Helgoland, den 6. August

Während sein Heer mit den Longobarden kämpfte, saß der König der Heruler ruhig in seinem Zelte und spielte Schach. Er bedrohte mit dem Tode denjenigen, der ihm eine Niederlage melden würde. Der Späher, der, auf einem Baume sitzend, dem Kampfe zuschaute, rief immer: »Wir siegen, wir siegen!« – bis er endlich laut aufseufzte: »Unglücklicher König! Unglückliches Volk der Heruler!« Da merkte der König, daß die Schlacht verloren, aber zu spät! Denn die Longobarden drangen zu gleicher Zeit in sein Zelt und erstachen ihn ...

Eben diese Geschichte las ich, im Paul Warnefried, als das dicke Zeitungspaket mit den warmen, glühend heißen Neuigkeiten vom festen Lande ankam. Es waren Sonnenstrahlen, eingewickelt in Druckpapier, und sie entflammten meine Seele, bis zum wildesten Brand. Mir war, als könnte ich den ganzen Ozean bis zum Nordpol anzünden mit den Gluten der Begeisterung und der tollen Freude, die in mir loderten. Jetzt weiß ich auch, warum die ganze See nach Kuchen roch. Der Seinefluß hatte die gute Nachricht unmittelbar ins Meer verbreitet, und in ihren Kristallpalästen haben die schönen Wasserfrauen, die von jeher allem Heldentum hold, gleich einen thé dansant gegeben, zur Feier der großen Begebenheiten, und deshalb roch das ganze Meer nach Kuchen. Ich lief wie wahnsinnig im Hause herum und küßte zuerst die dicke Wirtin und dann ihren freundlichen Seewolf, auch umarmte ich den preußischen Justizkommissarius, um dessen Lippen freilich das frostige Lächeln des Unglaubens nicht ganz verschwand. Sogar den Holländer drückte ich an mein Herz ... Aber dieses indifferente Fettgesicht blieb kühl und ruhig, und ich glaube, wär ihm die Juliussonne in Person um den Hals gefallen, Mynheer würde nur in einen gelinden Schweiß, aber keineswegs in Flammen geraten sein. Diese Nüchternheit inmitten einer allgemeinen Begeisterung ist empörend. Wie die Spartaner ihre Kinder vor der Trunkenheit bewahrten, indem sie ihnen als warnendes Beispiel einen berauschten Heloten zeigten, so sollten wir in unseren Erziehungsanstalten einen Holländer füttern, dessen sympathielose, gehäbige Fischnatur den Kindern einen Abscheu vor der Nüchternheit einflößen möge. Wahrlich, diese holländische Nüchternheit ist ein weit fataleres Laster als die Besoffenheit eines Heloten. Ich möchte Mynheer prügeln ...

Aber nein, keine Exzesse! Die Pariser haben uns ein so brillantes Beispiel von Schonung gegeben. Wahrlich, ihr verdient es, frei zu sein, ihr Franzosen, denn ihr tragt die Freiheit im Herzen. Dadurch unterscheidet ihr euch von euren armen Vätern, welche sich aus jahrtausendlicher Knechtschaft erhoben und bei allen ihren Heldentaten auch jene wahnsinnige Greuel ausübten, worüber der Genius der Menschheit sein Antlitz verhüllte. Die Hände des Volks sind diesmal nur blutig geworden im Schlachtgewühle gerechter Gegenwehr, nicht nach dem Kampf. Das Volk verband selbst die Wunden seiner Feinde, und als die Tat abgetan war, ging es wieder ruhig an seine Tagesbeschäftigung, ohne für die große Arbeit auch nur ein Trinkgeld verlangt zu haben!

Den Sklaven, wenn er die Kette bricht,
Den freien Mann, den fürchte nicht!

Du siehst, wie berauscht ich bin, wie außer mir, wie allgemein ... ich zitiere Schillers »Glocke«.

Und den alten Knaben, dessen unverbesserliche Torheit soviel Bürgerblut gekostet, haben die Pariser mit rührender Schonung behandelt. Er saß wirklich beim Schachspiel, wie der König der Heruler, als die Sieger in sein Zelt stürzten. Mit zitternder Hand unterzeichnete er die Abdankung. Er hat die Wahrheit nicht hören wollen. Er behielt ein offnes Ohr nur für die Lüge der Höflinge. Diese riefen immer: »Wir siegen! wir siegen!« Unbegreiflich war diese Zuversicht des königlichen Toren ... Verwundert blickte er auf, als das »Journal des débats« wie einst der Wächter während der Longobardenschlacht plötzlich ausrief: »Malheureux roi! malheureuse France!«

Mit ihm, mit Karl X., hat endlich das Reich Karls des Großen ein Ende, wie das Reich des Romulus sich endigte mit Romulus Augustulus. Wie einst ein neues Rom, so beginnt jetzt ein neues Frankreich.

Es ist mir alles noch wie ein Traum; besonders der Name Lafayette klingt mir wie eine Sage aus der frühesten Kindheit. Sitzt er wirklich jetzt wieder zu Pferde, kommandierend die Nationalgarde? Ich fürchte fast, es sei nicht wahr, denn es ist gedruckt. Ich will selbst nach Paris gehen, um mich mit leiblichen Augen davon zu überzeugen ... Es muß prächtig aussehen, wenn er dort durch die Straßen reitet, der Bürger beider Welten, der göttergleiche Greis, die silbernen Locken herabwallend über die heilige Schulter ... Er grüßt mit den alten lieben Augen die Enkel jener Väter, die einst mit ihm kämpften für Freiheit und Gleichheit ... Es sind jetzt sechzig Jahr, daß er aus Amerika zurückgekehrt mit der Erklärung der Menschheitsrechte, den zehn Geboten des neuen Weltglaubens, die ihm dort offenbart wurden unter Kanonendonner und Blitz ... Dabei weht wieder auf den Türmen von Paris die dreifarbige Fahne, und es klingt die Marseillaise!

Lafayette, die dreifarbige Fahne, die Marseillaise ... Ich bin wie berauscht. Kühne Hoffnungen steigen leidenschaftlich empor, wie Bäume mit goldenen Früchten und wilden, wachsenden Zweigen, die ihr Laubwerk weit ausstrecken bis in die Wolken ... Die Wolken aber im raschen Fluge entwurzeln diese Riesenbäume und jagen damit von dannen. Der Himmel hängt voller Violinen, und auch ich rieche es jetzt, die See duftet nach frischgebackenen Kuchen. Das ist ein beständiges Geigen da droben in himmelblauer Freudigkeit, und das klingt aus den smaragdenen Wellen wie heiteres Mädchengekicher. Unter der Erde aber kracht es und klopft es, der Boden öffnet sich, die alten Götter strecken daraus ihre Köpfe hervor, und mit hastiger Verwunderung fragen sie: »Was bedeutet der Jubel, der bis ins Mark der Erde drang? Was gibt's Neues? dürfen wir wieder hinauf?« – Nein, ihr bleibt unten in Nebelheim, wo bald ein neuer Todesgenosse zu euch hinabsteigt ... – »Wie heißt er?« – Ihr kennt ihn gut, ihn, der euch einst hinabstieß in das Reich der ewigen Nacht ...

Pan ist tot!

Helgoland, den 10. August
Lafayette, die dreifarbige Fahne, die Marseillaise ...

Fort ist meine Sehnsucht nach Ruhe. Ich weiß jetzt wieder, was ich will, was ich soll, was ich muß ... Ich bin der Sohn der Revolution und greife wieder zu den gefeiten Waffen, worüber meine Mutter ihren Zaubersegen ausgesprochen ... Blumen! Blumen! Ich will mein Haupt bekränzen zum Todeskampf. Und auch die Leier, reicht mir die Leier, damit ich ein Schlachtlied singe ... Worte gleich flammenden Sternen, die aus der Höhe herabschießen und die Paläste verbrennen und die Hütten erleuchten ... Worte gleich blanken Wurfspeeren, die bis in den siebenten Himmel hinaufschwirren und die frommen Heuchler treffen, die sich dort eingeschlichen ins Allerheiligste ... Ich bin ganz Freude und Gesang, ganz Schwert und Flamme!

Vielleicht auch ganz toll ... Von jenen wilden, in Druckpapier gewickelten Sonnenstrahlen ist mir einer ins Hirn geflogen, und alle meine Gedanken brennen lichterloh. Vergebens tauche ich den Kopf in die See. Kein Wasser löscht dieses griechische Feuer. Aber es geht den anderen nicht viel besser. Auch die übrigen Badegäste traf der Pariser Sonnenstich, zumal die Berliner, die dieses Jahr in großer Anzahl hier befindlich und von einer Insel zur andern kreuzen, so daß man sagen konnte, die ganze Nordsee sei überschwemmt von Berlinern. Sogar die armen Helgolander jubeln vor Freude, obgleich sie die Ereignisse nur instinktmäßig begreifen. Der Fischer, welcher mich gestern nach der kleinen Sandinsel, wo man badet, überfuhr, lachte mich an mit den Worten: »Die armen Leute haben gesiegt!« Ja, mit seinem Instinkt begreift das Volk die Ereignisse vielleicht besser als wir mit allen unseren Hülfskenntnissen. So erzählte mir einst Frau v. Varnhagen: als man den Ausgang der Schlacht bei Leipzig noch nicht wußte, sei plötzlich die Magd ins Zimmer gestürzt, mit dem Angstschrei: »Der Adel hat gewonnen.«

Diesmal haben die armen Leute den Sieg erfochten. »Aber es hilft ihnen nichts, wenn sie nicht auch das Erbrecht besiegen!« Diese Worte sprach der ostpreußische Justizrat in einem Tone, der mir sehr auffiel. Ich weiß nicht, warum diese Worte, die ich nicht begreife, mir so beängstigend im Gedächtnis bleiben. Was will er damit sagen, der trockene Kauz?

Diesen Morgen ist wieder ein Paket Zeitungen angekommen. Ich verschlinge sie wie Manna. Ein Kind, wie ich bin, beschäftigen mich die rührenden Einzelheiten noch weit mehr als das bedeutungsvolle Ganze. Oh, könnte ich nur den Hund Medor sehen! Dieser interessiert mich weit mehr als die anderen, die dem Philipp von Orleans mit schnellen Sprüngen die Krone apportiert haben. Der Hund Medor apportierte seinem Herrn Flinte und Patrontasche, und als sein Herr fiel und samt seinen Mithelden auf dem Hofe des Louvre begraben wurde, da blieb der arme Hund, wie ein Steinbild der Treue, regungslos auf dem Grabe sitzen, Tag und Nacht, von den Speisen, die man ihm bot, nur wenig genießend, den größten Teil derselben in die Erde verscharrend, vielleicht als Atzung für seinen begrabenen Herrn!

Ich kann gar nicht mehr schlafen, und durch den überreizten Geist jagen die bizarrsten Nachtgesichte. Wachende Träume, die übereinander hinstolpern, so daß die Gestalten sich abenteuerlich vermischen und wie im chinesischen Schattenspiel sich jetzt zwerghaft verkürzen, dann wieder gigantisch verlängern; zum Verrücktwerden. In diesem Zustande ist mir manchmal zu Sinne, als ob meine eignen Glieder ebenfalls sich kolossal ausdehnten und daß ich, wie mit ungeheuer langen Beinen, von Deutschland nach Frankreich und wieder zurück liefe. Ja, ich erinnere mich, vorige Nacht lief ich solchermaßen durch alle deutsche Länder und Ländchen und klopfte an den Türen meiner Freunde und störte die Leute aus dem Schlafe ... Sie glotzten mich manchmal an mit verwunderten Glasaugen, so daß ich selbst erschrak und nicht gleich wußte, was ich eigentlich wollte und warum ich sie weckte! Manche dicke Philister, die allzu widerwärtig schnarchten, stieß ich bedeutungsvoll in die Rippen, und gähnend frugen sie: »Wieviel Uhr ist es denn?« In Paris, lieben Freunde, hat der Hahn gekräht; das ist alles, was ich weiß. - Hinter Augsburg, auf dem Wege nach München, begegneten mir eine Menge gotischer Dome, die auf der Flucht zu sein schienen und ängstlich wackelten. Ich selber, des vielen Umherlaufens satt, ich gab mich endlich ans Fliegen, und so flog ich von einem Stern zum andern. Sind aber keine bevölkerte Welten, wie andere träumen, sondern nur glänzende Steinkugeln, öde und fruchtlos. Sie fallen nicht herunter, weil sie nicht wissen, worauf sie fallen können. Schweben dort oben auf und ab, in der größten Verlegenheit. Kam auch in den Himmel. Tür und Tor stand offen. Lange, hohe, weithallende Säle, mit altmodischen Vergoldungen, ganz leer, nur daß hie und da, auf einem samtnen Armsessel, ein alter gepuderter Bedienter saß, in verblichen roter Livree und gelinde schlummernd. In manchen Zimmern waren die Türflügel aus ihren Angeln gehoben, an andern Orten waren die Türen fest verschlossen und obendrein mit großen runden Amtssiegeln dreifach versiegelt, wie in Häusern, wo ein Bankrott oder ein Todesfall eingetreten. Kam endlich in ein Zimmer, wo an einem Schreibpult ein alter dünner Mann saß, der unter hohen Papierstößen kramte. War schwarz gekleidet, hatte ganz weiße Haare, ein faltiges Geschäftsgesicht und frug mich mit gedämpfter Stimme, was ich wolle. In meiner Naivität hielt ich ihn für den lieben Herrgott, und ich sprach zu ihm ganz zutrauungsvoll: »Ach, lieber Herrgott, ich möchte donnern lernen, blitzen kann ich ... ach, lehren Sie mich auch donnern!« - »Sprechen Sie nicht so laut«, entgegnete mir heftig der alte dünne Mann, drehte mir den Rücken und kramte weiter unter seinen Papieren. »Das ist der Herr Registrator«, flüsterte mir einer von den roten Bedienten, der von seinem Schlafsessel sich erhob und sich gähnend die Augen rieb ...

Pan ist tot!

Kuxhaven, den 19. August

Unangenehme Überfahrt, in einem offenen Kahn, gegen Wind und Wetter; so daß ich, wie immer in solchen Fällen, von der Seekrankheit zu leiden hatte. Auch das Meer, wie andre Personen, lohnt meine Liebe mit Ungemach und Quälnissen. Anfangs geht es gut, da laß ich mir das neckende Schaukeln gern gefallen. Aber allmählich schwindelt es mir im Kopfe, und allerlei fabelhafte Gesichte umschwirren mich. Aus den dunkeln Meerstrudeln steigen die alten Dämonen hervor, in scheußlicher Nacktheit bis an die Hüften, und sie heulen schlechte, unverständliche Verse und spritzen mir den weißen Wellenschaum ins Antlitz. Zu noch weit fataleren Fratzenbildern gestalten sich droben die Wolken, die so tief herabhängen, daß sie fast mein Haupt berühren und mir mit ihren dummen Fistelstimmchen die unheimlichsten Narreteien ins Ohr pfeifen. Solche Seekrankheit, ohne gefährlich zu sein, gewährt sie dennoch die entsetzlichsten Mißempfindungen, unleidlich bis zum Wahnsinn. Am Ende, im fieberhaften Katzenjammer, bildete ich mir ein, ich sei ein Walfisch und ich trüge im Bauche den Propheten Jonas.

Der Prophet Jonas aber rumorte und wütete in meinem Bauche und schrie beständig:

»O Ninive! O Ninive! Du wirst untergehen! In deinen Palästen werden Bettler sich lausen, und in deinen Tempeln werden die babylonischen Kürassiere ihre Stuten füttern. Aber euch, ihr Priester Baals, euch wird man bei den Ohren fassen und eure Ohren festnageln an die Pforte der Tempel! Ja, an die Türen eurer Läden wird man euch mit den Ohren annageln, ihr Leibbäcker Gottes! Denn ihr habt falsches Gewicht gegeben, ihr habt leichte betrügerische Brote dem Volke verkauft! Oh, ihr geschorenen Schlauköpfe! wenn das Volk hungerte, reichtet ihr ihm eine dünne homöopathische Scheinspeise, und wenn es dürstete, tranket ihr statt seiner; höchstens den Königen reichtet ihr den vollen Kelch. Ihr aber, ihr assyrischen Spießbürger und Grobiane, ihr werdet Schläge bekommen mit Stocken und Ruten, und auch Fußtritte werdet ihr bekommen und Ohrfeigen, und ich kann es euch voraussagen mit Bestimmtheit, denn erstens werde ich alles mögliche tun, damit ihr sie bekommt, und zweitens bin ich Prophet, der Prophet Jonas, Sohn Amithai ... O Ninive, o Ninive, du wirst untergehn!«

So ungefähr predigte mein Bauchredner, und er schien dabei so stark zu gestikulieren und sich in meinen Gedärmen zu verwickeln, daß sich mir alles kullernd im Leibe herumdrehte ... bis ich es endlich nicht länger ertragen konnte und den Propheten Jonas ausspuckte.

Solcherweise ward ich erleichtert und genas endlich ganz und gar, als ich landete und im Gasthofe eine gute Tasse Tee bekam.

Hier wimmelt's von Hamburgern und ihren Gemahlinnen, die das Seebad gebrauchen. Auch Schiffskapitäne aus allen Ländern, die auf guten Fahrwind warten, spazieren hier hin und her, auf den hohen Dämmen, oder sie liegen in den Kneipen und trinken sehr starken Grog und jubeln über die drei Julitage. In allen Sprachen bringt man den Franzosen ihr wohlverdientes Vivat, und der sonst so wortkarge Brite preist sie ebenso redselig wie jener geschwätzige Portugiese, der es bedauerte, daß er seine Ladung Orangen nicht direkt nach Paris bringen könne, um das Volk zu erfrischen nach der Hitze des Kampfes. Sogar in Hamburg, wie man mir erzählt, in jenem Hamburg, wo der Franzosenhaß am tiefsten wurzelte, herrscht jetzt nichts als Enthusiasmus für Frankreich ... Alles ist vergessen, Davoust, die beraubte Bank, die füsilierten Bürger, die altdeutschen Röcke, die schlechten Befreiungsverse, Vater Blücher, »Heil dir im Siegerkranze«, alles ist vergessen ... In Hamburg flattert die Trikolore, überall erklingt dort die Marseillaise, sogar die Damen erscheinen im Theater mit dreifarbigen Bandschleifen auf der Brust, und sie lächeln mit ihren blauen Augen, roten Mündlein und weißen Näschen ... Sogar die reichen Bankiers, welche infolge der revolutionären Bewegung an ihren Staatspapieren sehr viel Geld verlieren, teilen großmütig die allgemeine Freude, und jedesmal, wenn ihnen der Makler meldet, daß die Kurse noch tiefer gefallen, schauen sie desto vergnügter und antworten:

»Es ist schon gut, es tut nichts, es tut nichts!« –

Ja, überall, in allen Landen, werden die Menschen die Bedeutung dieser drei Julitage sehr leicht begreifen und darin einen Triumph der eigenen Interessen erkennen und feiern. Die große Tat der Franzosen spricht so deutlich zu allen Völkern und allen Intelligenzen, den höchsten und den niedrigsten, und in den Steppen der Baschkiren werden die Gemüter ebenso tief erschüttert werden wie auf den Höhen Andalusiens ... Ich sehe schon, wie dem Neapolitaner der Makkaroni und dem Irländer seine Kartoffel im Munde steckenbleibt, wenn die Nachricht bei ihnen anlangt ... Pulischinell ist kapabel, zum Schwert zu greifen, und Paddy wird vielleicht einen Bull machen, worüber den Engländern das Lachen vergeht.

Und Deutschland? Ich weiß nicht. Werden wir endlich von unseren Eichenwäldern den rechten Gebrauch machen, nämlich zu Barrikaden für die Befreiung der Welt? Werden wir, denen die Natur soviel Tiefsinn, soviel Kraft, soviel Mut erteilt hat, endlich unsere Gottesgaben benutzen und das Wort des großen Meisters, die Lehre von den Rechten der Menschheit, begreifen, proklamieren und in Erfüllung bringen?

Es sind jetzt sechs Jahre, daß ich, zu Fuß das Vaterland durchwandernd, auf die Wartburg ankam und die Zelle besuchte, wo Doktor Luther gehaust. Ein braver Mann, auf den ich keinen Tadel kommen lasse; er vollbrachte ein Riesenwerk, und wir wollen ihm immer dankbar die Hände küssen für das, was er tat. Wir wollen nicht mit ihm schmollen, daß er unsere Freunde allzu unhöflich anließ, als sie in der Exegese des göttlichen Wortes etwas weiter gehen wollten als er selber, als sie auch die irdische Gleichheit der Menschen in Vorschlag brachten ... Ein solcher Vorschlag war freilich damals noch unzeitgemäß, und Meister Hemling, der dir dein Haupt abschlug, armer Thomas Münzer, er war in gewisser Hinsicht wohl berechtigt zu solchem Verfahren: denn er hatte das Schwert in Händen, und sein Arm war stark!

Auf der Wartburg besuchte ich auch die Rüstkammer, wo die alten Harnische hängen, die alten Pickelhauben, Tartschen, Hellebarden, Flamberge, die eiserne Garderobe des Mittelalters. Ich wandelte nachsinnend im Saale herum mit einem Universitätsfreunde, einem jungen Herrn vom Adel, dessen Vater damals einer der mächtigsten Viertelfürsten in unserer Heimat war und das ganze zitternde Ländchen beherrschte. Auch seine Vorfahren sind mächtige Barone gewesen, und der junge Mann schwelgte in heraldischen Erinnerungen bei Anblick der Rüstungen und der Waffen, die, wie ein angehefteter Zettel meldete, irgendeinem Ritter seiner Sippschaft angehört hatten. Als er das lange Schwert des Ahnherrn von dem Haken herablangte und aus Neugier versuchte, ob er es wohl handhaben könnte, gestand er, daß es ihm doch etwas zu schwer sei, und er ließ entmutigt den Arm sinken. Als ich dieses sah, als ich sah, wie der Arm des Enkels zu schwach für das Schwert seiner Väter, da dachte ich heimlich in meinem Sinn: Deutschland könnte frei sein.

Neun Jahre später

Zwischen meinem ersten und meinem zweiten Begegnis mit Ludwig Börne liegt jene Juliusrevolution, welche unsere Zeit gleichsam in zwei

Hälften auseinandersprengte. Die vorstehenden Briefe mögen Kunde geben von der Stimmung, in welcher mich die große Begebenheit antraf, und in gegenwärtiger Denkschrift sollen sie als vermittelnde Brücke dienen, zwischen dem ersten und dem dritten Buche. Der Übergang wäre sonst zu schroff. Ich trug Bedenken, eine größere Anzahl dieser Briefe mitzuteilen, da in den nächstfolgenden der zeitliche Freiheitsrausch allzu ungestüm über alle Polizeiverordnungen hinaustaumelte, während späterhin allzu ernüchterte Betrachtungen eintreten und das enttäuschte Herz in mutlose, verzagende und verzweifelnde Gedanken sich verliert! Schon die ersten Tage meiner Ankunft in der Hauptstadt der Revolution merkte ich, daß die Dinge in der Wirklichkeit ganz andere Farben trugen, als ihnen die Lichteffekte meiner Begeisterung in der Ferne geliehen hatten. Das Silberhaar, das ich um die Schulter Lafayettes, des Helden beider Welten, so majestätisch flattern sah, verwandelte sich bei näherer Betrachtung in eine braune Perücke, die einen engen Schädel kläglich bedeckte. Und gar der Hund Medor, den ich auf dem Hofe des Louvre besuchte und der, gelagert unter dreifarbigen Fahnen und Trophäen, sich ruhig füttern ließ: er war gar nicht der rechte Hund, sondern eine ganz gewöhnliche Bestie, die sich fremde Verdienste anmaßte, wie bei den Franzosen oft geschieht, und ebenso wie viele andre exploitierte er den Ruhm der Juliusrevolution … Er ward gehätschelt, gefördert, vielleicht zu den höchsten Ehrenstellen erhoben, während der wahre Medor, einige Tage nach dem Siege, bescheiden davongeschlichen war, wie das wahre Volk, das die Revolution gemacht …

Armes Volk! Armer Hund! sic.

Es ist eine schon ältliche Geschichte. Nicht für sich, seit undenklicher Zeit, nicht für sich hat das Volk geblutet und gelitten, sondern für andre. Im Juli 1830 erfocht es den Sieg für jene Bourgeoisie, die ebensowenig taugt wie jene Noblesse, an deren Stelle sie trat, mit demselben Egoismus … Das Volk hat nichts gewonnen durch seinen Sieg als Reue und größere Not. Aber seid überzeugt, wenn wieder die Sturmglocke geläutet wird und das Volk zur Flinte greift, diesmal kämpft es für sich selber und verlangt den wohlverdienten Lohn. Diesmal wird der wahre, echte Medor geehrt und gefüttert werden … Gott weiß, wo er jetzt herumläuft, verachtet, verhöhnt und hungernd …

Doch still, mein Herz, du verrätst dich zu sehr …

Drittes Buch

– – – Es war im Herbst 1831, ein Jahr nach der Juliusrevolution, als ich zu Paris den Doktor Ludwig Börne wiedersah. Ich besuchte ihn im Gasthof Hôtel de Castille, und nicht wenig wunderte ich mich über die Veränderung, die sich in seinem ganzen Wesen aussprach. Das bißchen Fleisch, das ich früher an seinem Leibe bemerkt hatte, war jetzt ganz verschwunden, vielleicht geschmolzen von den Strahlen der Juliussonne, die ihm leider auch ins Hirn gedrungen. Aus seinen Augen leuchteten bedenkliche Funken. Er saß oder vielmehr er wohnte in einem großen, buntseidenen Schlafrock, wie eine Schildkröte in ihrer Schale, und wenn er manchmal argwöhnisch sein dünnes Köpfchen hervorbeugte, ward mir unheimlich zumute. Aber das Mitleid überwog, wenn er aus dem weiten Ärmel die arme abgemagerte Hand zum Gruße oder zum freundschaftlichen Händedruck ausstreckte. In seiner Stimme zitterte eine gewisse Kränklichkeit, und auf seinen Wangen grinsten schon die schwindsüchtig roten Streiflichter. Das schneidende Mißtrauen, das in allen seinen Zügen und Bewegungen lauerte, war vielleicht eine Folge der Schwerhörigkeit, woran er früher schon litt, die aber seitdem immer zunahm und nicht wenig dazu beitrug, mir seine Konversation zu verleiden.

»Willkommen in Paris!« rief er mir entgegen. – »Das ist brav! Ich bin überzeugt, die Guten, die es am besten meinen, werden alle bald hier sein. Hier ist der Konvent der Patrioten von ganz Europa, und zu dem großen Werke müssen sich alle Völker die Hände reichen. Sämtliche Fürsten müssen in ihren eigenen Ländern beschäftigt werden, damit sie nicht in Gemeinschaft die Freiheit in Deutschland unterdrücken. Ach Gott! ach Deutschland! Es wird bald sehr betrübt bei uns aussehen und sehr blutig. Revolutionen sind eine schreckliche Sache, aber sie sind notwendig, wie Amputationen, wenn irgendein Glied in Fäulnis geraten. Da muß man schnell zuschneiden und ohne ängstliches Innehalten. Jede Verzögerung bringt Gefahr, und wer aus Mitleid oder aus Schrecken, beim Anblick des vielen Blutes, die Operation nur zur Hälfte verrichtet, der handelt grausamer als der schlimmste Wüterich. Hol' der Henker alle weichherzigen Chirurgen und ihre Halbheit! Marat hatte ganz recht, il faut faire saigner le genre humain, und hätte man ihm die 300.000 Köpfe bewilligt, die er verlangte, so wären Millionen der besseren Menschen nicht zugrunde gegangen, und die Welt wäre auf immer von dem alten Übel geheilt!

Die Republik« – ich lasse den Mann ausreden, mit Übergehung mancher schnörkelhaften Absprünge –, »die Republik muß durchgesetzt werden. Nur die Republik kann uns retten. Der Henker hole die sogenannten konstitutionellen Verfassungen, wovon unsere deutschen Kammerschwätzer alles Heil erwarten. Konstitutionen verhalten sich zur Freiheit wie positive Religionen zur Naturreligion: sie werden durch ihr stabiles Element ebensoviel Unheil anrichten wie jene positiven Religionen, die, für einen gewissen Geisteszustand des Volkes berechnet, im Anfang sogar diesem Geisteszustand überlegen sind, aber späterhin sehr lästig werden, wenn der Geist des Volkes die Satzung überflügelt. Die Konstitutionen entsprechen einem politischen Zustand, wo die Bevorrechteten von ihren Rechten einige abgeben und die armen Menschen, die früher ganz zurückgesetzt waren, plötzlich jauchzen, daß sie ebenfalls Rechte erlangt haben ... Aber diese Freude hört auf, sobald die Menschen durch ihren freieren Zustand für die Idee einer vollständigen, ganz ungeschmälerten, ganz gleichheitlichen Freiheit empfänglich geworden sind; was uns heute die herrlichste Akquisition dünkt, wird unseren Enkeln als ein kümmerliches Abfinden erscheinen, und das geringste Vorrecht, das die ehemalige Aristokratie noch behielt, vielleicht das Recht, ihre Röcke mit Petersilie zu schmücken, wird alsdann ebensoviel Bitterkeit erregen wie einst die härteste Leibeigenschaft, ja eine noch tiefere Bitterkeit, da die Aristokratie mit ihrem letzten Petersilienvorrecht um so hochmütiger prunken wird! ... Nur die Naturreligion, nur die Republik kann uns retten. Aber die letzten Reste des alten Regiments müssen vernichtet werden, ehe wir daran denken können, das neue bessere Regiment zu begründen. Da kommen die untätigen Schwächlinge und Quietisten und schniffeln, wir Revolutionäre rissen alles nieder, ohne imstande zu sein, etwas an die Stelle zu setzen! Und sie rühmen die Institutionen des Mittelalters, worin die Menschheit so sicher und ruhig gesessen habe. Und jetzt, sagen sie, sei alles so kahl und nüchtern und öde, und das Leben sei voll Zweifel und Gleichgültigkeit.

Ehemals wurde ich immer wütend über diese Lobredner des Mittelalters. Ich habe mich aber an diesen Gesang gewöhnt, und jetzt ärgere ich mich nur, wenn die lieben Sänger in eine andere Tonart übergehen und beständig über unser Niederreißen jammern. Wir hätten gar nichts anderes im Sinne, als alles niederzureißen. Und wie dumm ist diese Anklage! Man kann ja nicht eher bauen, ehe das alte Gebäude niedergerissen ist, und der Niederreißer verdient ebensoviel Lob als der Aufbauende, ja noch mehr, da sein Geschäft noch viel wichtiger ... Zum Beispiel in meiner Vaterstadt, auf dem Dreifaltigkeitsplatze, stand eine alte Kirche, die so morsch und baufällig war, daß man fürchtete, durch ihren Einsturz würden einmal plötzlich viele Menschen getötet oder verstümmelt werden. Man riß sie nieder, und die Niederreißer verhüteten ein großes Unglück, statt daß die ehemaligen Erbauer der Kirche nur ein großes Glück beförderten ... Und man kann eher ein großes Glück entbehren, als ein großes Unglück ertragen! Es ist wahr, viel gläubige Herrlichkeit blühte einst in den alten Mauern, und sie waren späterhin eine fromme Reliquie des Mittelalters, gar poetisch anzuschauen, des Nachts, im Mondschein ... Wem aber, wie meinem armen Vetter, als er mal vorbeiging, einige Steine dieses übriggebliebenen Mittelalters auf den Kopf fielen (er blutete lange und leidet noch heute an der Wunde), der verwünscht die Verehrer alter Gebäude und segnet die tapferen Arbeitsleute, die solche gefährliche Ruinen niederreißen ... Ja, sie haben sie niedergerissen, sie haben sie dem Boden gleichgemacht, und jetzt wachsen dort grüne Bäumchen und spielen kleine Kinder, des Mittags, im Sonnenlicht.«

In solchen Reden gab's keine Spur der früheren Harmlosigkeit, und der Humor des Mannes, worin alle gemütliche Freude erloschen, ward mitunter gallenbitter, blutdürstig und sehr trocken. Das Abspringen von einem Gegenstand zum anderen entstand nicht mehr durch tolle Laune, sondern durch launische Tollheit und war wohl zunächst der buntscheckigen Zeitungslektüre beizumessen, womit sich Börne damals Tag und Nacht beschäftigte. Inmitten seiner terroristischen Expektorationen griff er plötzlich zu einem jener Tagesblätter, die in großen Haufen vor ihm ausgestreut lagen, und rief lachend:

»Hier können Sie's lesen, hier steht's gedruckt: ›Deutschland ist mit großen Dingen schwanger!‹ Ja, das ist wahr, Deutschland geht schwanger mit großen Dingen; aber das wird eine schwere Entbindung geben. Und hier bedarf's eines männlichen Geburtshelfers, und der muß mit eisernen Instrumenten agieren. Was glauben Sie?«

»Ich glaube, Deutschland ist gar nicht schwanger.«

»Nein, nein, Sie irren sich. Es wird vielleicht eine Mißgeburt zur Welt kommen, aber Deutschland wird gebären. Nur müssen wir uns der geschwätzigen alten Weiber entledigen, die sich herandrängen und ihren Hebammendienst anbieten. Da ist z.B. so eine Vettel von Rotteck. Dieses alte Weib ist nicht einmal ein ehrlicher Mann. Ein armseliger Schriftsteller, der ein bißchen liberalen Demagogismus treibt und den Tagesenthusiasmus ausbeutet, um die große Menge zu gewinnen, um seinen schlechten Büchern Absatz zu verschaffen, um sich überhaupt eine Wichtigkeit zu geben. Der ist halb Fuchs, halb Hund und hüllt sich in ein Wolfsfell, um mit den Wölfen zu heulen. Da ist mir doch tausendmal lieber der dumme Kerl von Raumer – soeben lese ich seine ›Briefe aus Paris‹ –, der ist ganz Hund, und wenn er liberal knurrt, täuscht er niemand und jeder weiß, er ist ein untertäniger Pudel, der niemand beißt! Das läuft beständig herum und schnopert an allen Küchen und möchte gern einmal in unsere Suppe seine Schnauze stecken, fürchtet aber die Fußtritte der hohen Gönner. Und sie geben ihm wirklich Fußtritte und halten das arme Vieh für einen Revolutionär. Lieber Himmel, es verlangt nur ein bißchen Wedelfreiheit, und wenn man ihm diese gewährt, so leckt es dankbar die goldenen Sporen der uckermärkischen Ritterschaft. Nichts ist ergötzlicher als solche unermüdliche Beweglichkeit neben der unermüdlichen Geduld. Dieses tritt recht hervor in jenem Briefen, wo der arme Laufhund auf jeder Seite selbst erzählt, wie er vor den Pariser Theatern ruhig Queue machte … Ich versichere Sie, er machte ruhig Queue mit dem großen Troß und ist so einfältig, es selbst zu erzählen. Was aber noch weit stärker, was die Gemeinheit seiner Seele ganz zur Anschauung bringt, ist das Geständnis, daß er, wenn er vor Ende der Vorstellung das Theater verließ, jedesmal seine Kontermarke verkaufte. Es ist wahr, als Fremder braucht er nicht zu wissen, daß solcher Verkauf einen ordentlichen Menschen herabwürdigt; aber er hätte nur die Leute zu betrachten brauchen, denen er seine Kontermarke verhandelte, um von selbst zu merken, daß sie nur der Abschaum der Gesellschaft sind, Diebesgesindel und Maquereaus, kurz, Leute, mit denen ein ordentlicher Mensch nicht gern spricht, viel weniger ein Handelsgeschäft treibt. Der muß von Natur sehr schmutzig sein, wer aus diesen schmutzigen Händen Geld nimmt!«

Damit man nicht wähne, als stimme ich in dem Urteil über den Herrn Professor Friedrich von Raumer ganz mit Börne überein, so bemerkte ich zu seinem Vorteil, daß ich ihn zwar für schmutzig halte, aber nicht für dumm. Das Wort schmutzig, wie ich ebenfalls ausdrücklich bemerken will, muß hier nicht im materiellen Sinn genommen werden ... Die Frau Professorin würde sonst Zeter schreien und alle ihre Waschzettel drucken lassen, worin verzeichnet steht, wieviel reine Unterhemden und Chemisettchen ihr liebes Männlein ihn Laufe des Jahres angezogen ... und ich bin überzeugt, die Zahl ist groß, da der Herr Professor Raumer im Laufe des Jahres soviel läuft und folglich schwitzt und folglich viel Wäsche nötig hat. Es kommt ihm nämlich nicht der gebratene Ruhm ins Haus geflogen, er muß vielmehr beständig auf den Beinen sein, um ihn aufzusuchen, und wenn er ein Buch schreibt, so muß er erst von Pontio nach Pilato rennen, um die Gedanken zusammenzukriegen und endlich dafür zu sorgen, daß das mühsam zusammengestoppelte Opus auch von der literarischen Claque hinlänglich unterstützt wird. Das bewegliche süßhölzerne Männchen ist ganz einzig in dieser Betriebsamkeit, und nicht mit Unrecht bemerkte einst eine geistreiche Frau: »Sein Schreiben ist eigentlich ein Laufen.« Wo was zu machen ist, da ist es, das Raumerchen aus Anhalt-Dessau. Jüngst lief es nach London; vorher sah man es während drei Monaten überall hin und her laufen, um die dazu nötigen Empfehlungsschreiben zu betteln, und nachdem es in der englischen Gesellschaft ein bißchen herumgeschnopert und ein Buch zusammengelaufen, erläuft es auch einen Verleger für die englische Übersetzung, und Sarah Austin, meine liebenswürdige Freundin, muß notgedrungen ihre Feder dazu hergeben, um das saure fließpapierne Deutsch in velinschönes Englisch zu übersetzen und ihre Freunde anzutreiben, das übersetzte Produkt in den verschiedenen englischen Revues zu rezensieren ... und diese erlaufenen englischen Rezensionen läßt dann Brockhaus zu Leipzig wieder ins Deutsche übersetzen, unter dem Titel »Englische Stimmen über Fr. v. Raumer«!

Ich wiederhole, daß ich mit dem Urteil Börnes über Herrn v. Raumer nicht übereinstimme, er ist ein schmutziger, aber kein dummer Kerl, wie Börne meinte, der, vielleicht weil er ebenfalls »Briefe aus Paris« drucken ließ, den armen Nebenbuhler so scharf kritisierte und bei jeder Gelegenheit eine Lauge des boshaftesten Spottes über ihn ausgoß.

Ja, lacht nicht, Herr von Raumer war damals ein Nebenbuhler von Börne, dessen »Briefe aus Paris« fast gleichzeitig mit den erwähnten Briefen erschienen, worin es, das Raumerchen, mit der Madame Crelinger und ihrem Gatten aus Paris korrespondierte.

Diese Briefe sind längst verschollen, und wir erinnern uns nur noch des spaßhaften Eindrucks, den sie hervorbrachten, als sie gleichzeitig mit den »Pariser Briefen« von Börne auf dem literarischen Markte erschienen. Was letztere betrifft, so gestehe ich, die zwei ersten Bände, die mir in jener Periode zu Gesicht kamen, haben mich nicht wenig erschreckt. Ich war überrascht von diesem ultraradikalen Tone, den ich am wenigsten von Börne erwartete. Der Mann, der sich, in seiner anständigen, geschniegelten Schreibart, immer selbst inspizierte und kontrollierte und der jede Silbe, ehe er sie niederschrieb, vorher abwog und abmaß ... der Mann, der in seinem Stile immer etwas beibehielt von der Gewöhnung seines reichsstädtischen Spießbürgertums, wo nicht gar von den Ängstlichkeiten seines früheren Amtes ... der ehemalige Polizeiaktuar von Frankfurt am Main stürzte sich jetzt in einen Sansculottismus des Gedankens und des Ausdrucks, wie man dergleichen in Deutschland noch nie erlebt hat. Himmel! welche entsetzliche Wortfügung; welche hochverräterische Zeitwörter! welche majestätsverbrecherische Akkusative! welche Imperative! welche polizeiwidrige Fragezeichen! welche Metaphern, deren bloßer Schatten schon zu zwanzig Jahr Festungsstrafe berechtigte! Aber trotz des Grauens, den mir jene Briefe einflößten, weckten sie in mir eine Erinnerung, die sehr komischer Art, die mich fast bis zum Lachen erheiterte und die ich hier durchaus nicht verschweigen kann. Ich gestehe es, die ganze Erscheinung Börnes, wie sie sich in jenen Briefen offenbarte, erinnerte mich an den alten Polizeivogt, der, als ich ein kleiner Knabe war, in meiner Vaterstadt regierte. Ich sage regierte, da er, mit unumschränktem Stock die öffentliche Ruhe verwaltend, uns kleinen Buben einen ganz majestätischen Respekt einflößte und uns schon durch seinen bloßen Anblick gleich auseinanderjagte, wenn wir auf der Straße gar zu lärmige Spiele trieben. Dieser Polizeivogt wurde plötzlich wahnsinnig und bildete sich ein, er sei ein kleiner Gassenjunge, und zu unserer unheimlichsten Verwunderung sahen wir, wie er, der allmächtige Straßenbeherrscher, statt Ruhe zu stiften, uns zu dem lautesten Unfug aufforderte. »Ihr seid viel zu zahm«, rief er, »ich aber will euch zeigen, wie man Spektakel machen muß!« Und dabei fing ich an, wie ein Löwe zu brüllen oder wie ein Kater zu miauen, und er klingelte an den Häusern, daß die Türglocke abriß, und er warf Steine gegen die klirrenden Fensterscheiben, immer schreiend: »Ich will euch lehren, Jungens, wie man Spektakel macht!« Wir kleinen Buben amüsierten uns sehr über den Alten und liefen jubelnd hinter ihm drein, bis man ihn ins Irrenhaus abführte.

Während der Lektüre der Börneschen Briefe dachte ich wahrhaftig immer an den alten Polizeivogt, und mir war oft, als hörte ich wieder seine Stimme: »Ich will euch lehren, wie man Spektakel macht!«

In den mündlichen Gesprächen Börnes war die Steigerung seines politischen Wahnsinns minder auffallend, da sie im Zusammenhang blieb mit den Leidenschaften, die in seiner nächsten Umgebung wüteten, sich beständig schlagfertig hielten und nicht selten auch tatsächlich zuschlugen. Als ich Börne zum zweiten Male besuchte, in der Rue de Provence, wo er sich definitiv einquartiert hatte, fand ich in seinem Salon eine Menagerie von Menschen, wie man sie kaum im Jardin des Plantes finden möchte. Im Hintergrunde kauerten einige deutsche Eisbären, welche Tabak rauchten, fast immer schwiegen und nur dann und wann einige vaterländische Donnerworte im tiefsten Brummbaß hervorfluchten. Neben ihnen hockt auch ein polnischer Wolf, welcher eine rote Mütze trug und manchmal die süßlich-fadesten Bemerkungen mit heiserer Kehle heulte. Dann fand ich dort einen französischen Affen, der zu den häßlichsten gehörte, die ich jemals gesehen; er schnitt beständig Gesichter, damit man sich das schönste darunter aussuchen möge. Das unbedeutendste Subjekt in jener Börneschen Menagerie war ein Herr *, der Sohn des alten *, eines Weinhändlers in Frankfurt am Main, der ihn gewiß in sehr nüchterner Stimmung gezeugt ... eine lange, hagere Gestalt, die wie der Schatten einer Eau-de-Cologne-Flasche aussah, aber keineswegs wie der Inhalt derselben roch. Trotz seines dünnen Aussehens trug er, wie Börne behauptete, zwölf wollene Unterjacken; denn ohne dieselben würde er gar nicht existieren. Börne machte sich beständig über ihn lustig:

»Ich präsentiere Ihnen hier einen *, es ist freilich kein * erster Größe, aber er ist doch mit der Sonne verwandt, er empfängt von derselben sein Licht ... er ist ein untertäniger Verwandter der Herrn von Rothschild ... Denken Sie sich, Herr *, ich habe diese Nacht im Traum den Frankfurter Rothschild hängen sehen, und Sie waren es, welcher ihm den Strick um den Hals legte ...«

Herr * erschrak bei diesen Worten, und wie in Todesangst rief er: »Herr Berne, ich bitte Ihnen, sagen Sie das nicht weiter ... ich hab Grind ...« – »Ich hab Grind« – wiederholte mehrmals der junge Mensch, und indem er sich gegen mich wandte, bat er mich mit leiser Stimme, ihm in eine Ecke des Zimmers zu folgen, um mir seine delikate »Posiziaun« zu vertrauen. »Sehen Sie«, flüsterte er heimlich, »ich habe eine delikate Posiziaun. Von der einen Seite ist Madame Wohl auf dem Wollgraben meine Tante, und auf der anderen Seite ist die Frau von Herrn von Rothschild auch sozusagen meine Tante. Ich bitte Ihnen, erzählen Sie nicht im Hause des Herrn Baron v. Rothschild, daß Sie mich hier bei Berne gesehen haben ... ich hab Grind.«

Börne machte sich über diesen Unglücklichen beständig lustig, und besonders hechelte er ihn wegen der mundfaulen und kauderwelschen Art, wie er das Französische aussprach. »Mein lieber Landsmann«, sagte er, »die Franzosen haben unrecht, über Sie zu lachen; sie offenbaren dadurch ihre Unwissenheit. Verständen sie Deutsch, so würden sie einsehen, wie richtig Ihre Redensarten konstruiert sind, nämlich vom deutschen Standpunkte aus ... Und warum sollen Sie Ihre Nationalität verleugnen? Ich bewundere sogar, mit welcher Gewandtheit Sie Ihre Muttersprache, das Frankfurter Mauscheln, ins Französische übertragen ... Die Franzosen sind ein unwissendes Volk und werden es nie dahin bringen, ordentlich Deutsch zu lernen. Sie haben keine Geduld ... Wir Deutschen sind das geduldigste und gelehrigste Volk ... Wieviel müssen wir schon als Knaben lernen! wieviel Latein! wieviel Griechisch, wieviel persische Könige und ihre ganze Sippschaft bis zum Großvater! ... ich wette, so ein unwissender Franzose weiß sogar in seinen alten Tagen noch nicht, daß die Mutter des Cyrus Frau Mandane geheißen und eine geborne Astyages war. Auch haben wir die besten Handbücher für alle Wissenschaften herausgegeben. Neanders Kirchengeschichte und Meyer Hirschs Rechenbuch sind klassisch. Wir sind ein denkendes Volk, und weil wir so viele Gedanken hatten, daß wir sie nicht alle aufschreiben konnten, haben wir die Buchdruckerei erfunden, und weil wir manchmal vor lauter Denken und Bücherschreiben oft das liebe Brot nicht hatten, erfanden wir die Kartoffel.«

»Das deutsche Volk«, brummte der deutsche Patriot aus seiner Ecke, »hat auch das Pulver erfunden.«

Börne wandte sich rasch nach dem Patrioten, der ihn mit dieser Bemerkung unterbrochen hatte, und sprach sarkastisch lächelnd: »Sie irren sich, mein Freund, man kann nicht so eigentlich behaupten, daß das deutsche Volk das Pulver erfunden habe. Das deutsche Volk besteht aus dreißig Millionen Menschen. Nur einer davon hat das Pulver erfunden ... die übrigen, 29.999.999 Deutsche, haben das Pulver nicht erfunden. – Übrigens ist das Pulver eine gute Erfindung, ebenso wie die Druckerei, wenn man nur den rechten Gebrauch davon macht. Wir Deutschen aber benutzen die Presse, um die Dummheit, und das Pulver, um die Sklaverei zu verbreiten –«

Einlenkend, als man ihm diese irrige Behauptung verwies, fuhr Börne fort: »Je nun, ich will eingestehen, daß die deutsche Presse sehr viel Heil gestiftet, aber es wird überwogen von dem gedruckten Unheil. Jedenfalls muß man dieses einräumen, in Beziehung auf bürgerliche Freiheit ... Ach! wenn ich die ganze deutsche Geschichte durchgehe, bemerke ich, daß die Deutschen für bürgerliche Freiheit wenig Talent besitzen, hingegen die Knechtschaft, sowohl theoretisch als praktisch, immer leicht erlernten und diese Disziplin nicht bloß zu Hause, sondern auch im Auslande mit Erfolg dozierten. Die Deutschen waren immer die ludi magistri der Sklaverei, und wo der blinde Gehorsam in die Leiber oder in die Geister eingeprügelt werden sollte, nahm man einen deutschen Exerziermeister. Auch haben wir die Sklaverei über ganz Europa verbreitet, und als Denkmäler dieser Sündflut sitzen deutsche Fürstengeschlechter auf allen Thronen Europas, wie, nach uralten Überschwemmungen, auf den höchsten Bergen die Reste versteinerter Seeungeheuer gefunden werden ... Und noch jetzt, kaum wird ein Volk frei, so wird ihm ein deutscher Prügel auf den Rücken gebunden ... und sogar in der heiligen Heimat des Harmodios und Aristogeitons, im wiederbefreiten Griechenland, wird jetzt deutsche Knechtschaft eingesetzt, und auf der Akropolis von Athen fließt bayersches Bier und herrscht der bayersche Stock ... Ja, es ist erschrecklich, daß der König von Bayern, dieser kleine Tyrannos und schlechte Poet, seinen Sohn auf den Thron jenes Landes setzen durfte, wo einst die Freiheit und die Dichtkunst geblüht, jenes Landes, wo es eine Ebene gibt, welche Marathon, und einen Berg, welcher Parnaß heißt! Ich kann nicht daran denken, ohne daß mir das Gehirn zittert ... Wie ich in der heutigen Zeitung gelesen, haben wieder drei Studenten in München, vor dem Bilde des König Ludwigs, niederknien und Abbitte tun müssen. Niederknien vor dem Bilde eines Menschen, der noch dazu ein schlechter Poet ist! Wenn ich ihn in meiner Macht hätte, dieser schlechte Dichter sollte niederknien vor dem Bilde der Musen und Abbitte tun, wegen seiner schlechten Verse, wegen beleidigter Majestät der Poesie! Sprecht mir jetzt noch von römischen Kaisern, welche soviel Tausende von Christen hinrichten ließen, weil diese nicht vor ihrem Bilde knien wollten … Jene Tyrannen waren wenigstens Herrn der ganzen Welt, von Aufgang bis zum Niedergang, und, wie wir an ihren Statuen noch heute sehen, wenn auch keine Götter, so waren sie doch schöne Menschen. Man beugt sich am Ende leicht vor Macht und Schönheit. Aber niederknien vor Ohnmacht und Häßlichkeit – – –«

– – Es bedarf wohl keines besonderen Winks für den scharfsinnigen Leser, aus welchen Gründen ich den Frevler nicht weitersprechen lasse. Ich glaube, die angeführten Phrasen sind hinreichend, um die damalige Stimmung des Mannes zu bekunden; sie war im Einklang mit dem hitzigen Treiben jener deutschen Tumultuanten, die, seit der Juliusrevolution, in wilden Schwärmen nach Paris kamen und sich schon gleich um Börne sammelten. Es ist kaum zu begreifen, wie dieser sonst so gescheute Kopf sich von der rohesten Tobsucht beschwatzen und zu den gewaltsamsten Hoffnungen verleiten lassen konnte! Zunächst geriet er in den Kreis jenes Wahnsinnes, als dessen Mittelpunkt der berühmte Buchhändler F. zu betrachten war. Dieser F., man sollte es kaum glauben, war ganz der Mann nach dem Herzen Börnes. Die rote Wut, die in der Brust des einen kochte, das dreitägige Juliusfieber, das die Glieder des einen rüttelte, der jakobinische Veitstanz, worin der eine sich drehte, fand den entsprechenden Ausdruck in der »Pariser Briefen« des anderen. Mit dieser Bemerkung will ich aber nur einen Geistesirrtum, keineswegs einen Herzensirrtum andeuten, bei dem einen wie bei dem andern. Denn auch F. meinte es gut mit dem deutschen Vaterlande, er war aufrichtig, heldenmütig, jeder Selbstopferung fähig, jedenfalls ein ehrlicher Mann, und zu solchem Zeugnis glaube ich um so mehr verpflichtet, da, seit er in strenger Haft schweigen muß, die servile Verleumdung an seinem Leumund nagt. Man kann ihn mancher unklugen, auch keiner zweideutigen Handlung beschuldigen; er zeigte namentlich im Unglück sehr viel Charakter, er war durchglüht von reinster Bürgertugend, und um die Schellenkappe, die sein Haupt umklingelt, müssen wir einen Kranz von Eichenlaub flechten. Der edle Narr, er war mir tausendmal lieber als jener andre Buchhändler, der ebenfalls nach Paris gekommen, um eine deutsche Übersetzung der französischen Revolution zu besorgen, jener leise Schleicher, welcher matt und menschenfreundlich wimmerte und wie eine Hyäne aussah, die zur Abführung eingenommen. Übrigens rühmte man auch letztern als einen ehrlichen Mann, der sogar seine Schulden bezahlte, wenn er das Große Los in der Lotterie gewinnt, und wegen solcher Ehrlichkeitsverdienste ward er zum Finanzminister des erneuten Deutschen Reichs vorgeschlagen ... Im Vertrauen gesagt, er mußte sich mit den Finanzen begnügen, denn die Stelle eines Ministers des Innern hatte F. schon vorweg vergeben, nämlich an Garnier, wie er auch die deutsche Kaiserkrone dem Hauptmann S. bereits zugesagt ...

Garnier freilich behauptete, der Buchhändler F. wolle den Hauptmann S. zum deutschen Kaiser machen, weil dieser Lump ihm Geld schuldig sei und er sonst nicht zu seinem Gelde kommen könne ... Das ist aber unrichtig und zeugt nur von Garniers Medisance; F. hat vielleicht aus republikanischer Arglist eben das kläglichste Subjekt zum Kaiser gewählt, um dadurch das Monarchentum herabzuwürdigen und lächerlich zu machen ...

Der Einfluß des F. war indessen bald beendigt, als derselbe, ich glaube im November, Paris verließ und an die Stelle des großen Agitators einige neue Oberhäupter emporstiegen; unter diesen waren die bedeutendsten der schon erwähnte Garnier und ein gewisser Wolfrum. Ich darf sie wohl mit Namen nennen, da der eine tot ist und dem andern, welcher sich im sicheren England befindet, durch die Hindeutung auf seine ehemalige Wichtigkeit ein großer Gefallen erzeigt wird; beide aber, Garnier zum Teil, Wolfrum aber ganz, schöpften ihre Inspirationen aus dem Munde Börnes, der von nun an als die Seele der Pariser Propaganda zu betrachten war. Der Wahnsinn blieb derselbe, aber, um mit Polonius zu reden, es kam Methode hinein.

Ich habe mich eben des Wortes »Propaganda« bedient; aber ich gebrauche dasselbe in einem andern Sinne als gewisse Delatoren, die unter jenem Ausdruck eine geheime Verbrüderung verstehen, eine Verschwörung der revolutionären Geister in ganz Europa, eine Art blutdürstiger, atheistischer und regizider Maçonnerie. Nein, jene Pariser Propaganda bestand vielmehr aus rohen Händen als aus feinen Köpfen; es waren Zusammenkünfte von Handwerkern deutscher Zunge, die in einem großen Saale des Passage Saumon oder in den Faubourgs sich versammelten, wohl fürnehmlich, um in der lieben Sprache der Heimat über vaterländische Gegenstände miteinander zu konversieren, hier wurden nun, durch leidenschaftliche Reden, im Sinne der rheinbayrischen »Tribüne«, viele Gemüter fanatisiert, und da der Republikanismus eine so grade Sache ist und leichter begreifbar als z.B. die konstitutionelle Regierungsform, wobei schon mancherlei Kenntnisse vorausgesetzt werden, so dauerte es nicht lange, und Tausende von deutschen

Handwerksgesellen wurden Republikaner und predigten die neue Überzeugung. Diese Propaganda war weit gefährlicher als alle jene erlogenen Popanze, womit die erwähnten Delatoren unsre deutschen Regierungen schreckten, und vielleicht weit mächtiger als Börnes geschriebene Reden war Börnes mündliches Wort, welches er an Leute richtete, die es mit deutschem Glauben einsogen und mit apostolischem Eifer in der Heimat verbreiteten. Ungeheuer groß ist die Anzahl deutscher Handwerker, welche ab und zu nach Frankreich auf die Wanderschaft gehen. Wenn ich daher las, wie norddeutsche Blätter sich darüber lustig machten, daß Börne mit sechshundert Schneidergesellen auf den Montmartre gestiegen, um ihnen eine Bergpredigt zu halten, mußte ich mitleidig die Achsel zucken, aber am wenigsten über Börne, der eine Saat ausstreute, die früh oder spät die furchtbarsten Früchte hervorbringt. Er sprach sehr gut, bündig, überzeugend, volksmäßig; nackte, kunstlose Rede, ganz im Bergpredigerton. Ich habe ihn freilich nur ein einziges Mal reden hören, nämlich in dem Passage Saumon, wo Garnier der »Volksversammlung« präsidierte ... Börne sprach über den Preßverein, welcher sich vor aristokratischer Form zu bewahren habe; Garnier donnerte gegen Nikolas, den Zar von Rußland; ein verwachsener, krummbeinichter Schustergeselle trat auf und behauptete, alle Menschen seien gleich ... Ich ärgerte mich nicht wenig über diese Impertinenz ... Es war das erste und letzte Mal, daß ich der Volksversammlung beiwohnte.

Dieses eine Mal war aber auch hinreichend ... Ich will dir gern, lieber Leser, bei dieser Gelegenheit ein Geständnis machen, das du eben nicht erwartest. Du meinst vielleicht, der höchste Ehrgeiz meines Lebens hätte immer darin bestanden, ein großer Dichter zu werden, etwa gar auf dem Kapitol gekrönt zu werden, wie weiland Messer Francesco Petrarcha ... Nein, es waren vielmehr die großen Volksredner, die ich immer beneidete, und ich hätte für mein Leben gern auf öffentlichem Markte, vor einer bunten Versammlung, das große Wort erhoben, welches die Leidenschaften aufwühlt oder besänftigt und immer eine augenblickliche Wirkung hervorbringt. Ja, unter vier Augen will ich es dir gern eingestehen, daß ich in jener unerfahrenen Jugendzeit, wo uns die komödiantenhaften Gelüste anwandeln, mich oft in eine solche Rolle hineindachte. Ich wollte durchaus ein großer Redner werden, und wie Demosthenes deklamierte ich zuweilen am einsamen Meeresstrand, wenn Wind und Wellen brausten und heulten; so übt man seine Lungen und gewöhnt sich dran, mitten im größten Lärm einer Volksversammlung zu sprechen. Nicht selten sprach ich auch auf freiem Felde vor einer großen Anzahl Ochsen und Kühe, und es gelang mir, das versammelte Rindviehvolk zu überbrüllen. Schwerer schon ist es, vor Schafen eine Rede zu halten. Bei allem, was du ihnen sagst, diesen Schafsköpfen, wenn du sie ermahnst, sich zu befreien, nicht wie ihre Vorfahren geduldig zur Schlachtbank zu wandern ... sie antworten dir, nach jedem Satze, mit einem so unerschütterlich gelassenen »Mäh! Mäh!«, daß man die Kontenance verlieren kann. Kurz, ich tat alles, um, wenn bei uns einmal eine Revolution aufgeführt werden möchte, als deutscher Volksredner auftreten zu können. Aber ach! schon gleich bei der ersten Probe merkte ich, daß ich in einem solchen Stücke meine Lieblingsrolle nimmermehr tragieren kann. Und lebten sie noch, weder Demosthenes noch Cicero noch Mirabeau könnten in einer deutschen Revolution als Sprecher auftreten: denn bei einer deutschen Revolution wird geraucht. Denkt euch meinen Schreck, als ich in Paris der obenerwähnte Volksversammlung beiwohnte, fand ich sämtliche Vaterlandsretter mit Tabakspfeifen im Maule, und der ganze Saal war so erfüllt von schlechtem Knasterqualm, daß er mir gleich auf die Brust schlug und es mir platterdings unmöglich gewesen wäre, ein Wort zu reden ...

Ich kann den Tabaksqualm nicht vertragen, und ich merkte, daß in einer deutschen Revolution die Rolle eines Großsprechers in der Weise Börnes und Konsorten nicht für mich paßte. Ich merkte überhaupt, daß die deutsche Tribunalkarriere nicht eben mit Rosen und am allerwenigsten mit reinlichen Rosen bedeckt. So z.B. mußt du allen diesen Zuhörern, »lieben Brüdern und Gevattern«, recht derb die Hand drücken. Es ist vielleicht metaphorisch gemeint, wenn Börne behauptet: im Fall ihm ein König die Hand gedrückt, würde er sie nachher ins Feuer halten, um sie zu reinigen; es ist aber durchaus nicht bildlich, sondern ganz buchstäblich gemeint, daß ich, wenn mir das Volk die Hand gedrückt, sie nachher waschen werde.

Man muß in wirklichen Revolutionszeiten das Volk mit eignen Augen gesehen, mit eigner Nase gerochen haben, man muß mit eigner Ohren anhören, wie dieser souveräne Rattenkönig sich ausspricht, um zu begreifen, was Mirabeau andeuten will mit den Worten: »Man macht keine Revolution mit Lavendelöl.« Solange wir die Revolution in den Bücher lesen, sieht das alles sehr schön aus, und es ist damit wie mit jenen Landschaften, die, kunstreich gestochen auf dem weißen Velinpapier, so rein, so freundlich aussehen, aber nachher, wenn man sie in natura betrachtet, vielleicht an Grandiosität gewinnen, doch einen sehr schmutzigen und schäbigen Anblick in den Einzelheiten gewähren; die in Kupfer gestochenen Misthaufen riechen nicht, und der in Kupfer gestochene Morast ist leicht mit den Augen zu durchwaten!

Was es Tugend oder Wahnsinn, was den Ludwig Börne dahin brachte, die schlimmsten Mistdüfte mit Wonne einzuschnaufen und sich vergnüglich im plebejischen Kot zu wälzen?

Wer löst uns den Rätsel dieses Mannes, der in weichlichster Seide erzogen worden, späterhin in stolzen Anflügen seine innere Vornehmheit bekundete und gegen das Ende seiner Tage plötzlich überschnappte in pöbelhafte Töne und in die banalen Manieren eines Demagogen der untersten Stufe? Stachelten ihn etwa die Nöten des Vaterlandes bis zum entsetzlichsten Grade des Zorns, oder ergriff ihn der schauerliche Schmerz eines verlorenen Lebens? ... Ja, das war es vielleicht; er sah, wie er dieses ganze Leben hindurch mit all seinem Geiste und all seiner Mäßigung nichts ausgerichtet hatte, weder für sich noch für andere, und er verhüllte sein Haupt, oder, um bürgerlich zu reden, er zog die Mütze über die Ohren und wollte fürder weder sehen noch hören und stürzte sich in den heulenden Abgrund ... Das ist immer eine Ressource, die uns übrigbleibt, wenn wir angelangt bei jenen hoffnungslosen Marken, wo alle Blumen verwelkt sind, wo der Leib müde und die Seele verdrießlich ... Ich will nicht dafür stehen, daß ich nicht einst unter denselben Umständen dasselbe tue ... Wer weiß, vielleicht am Ende meiner Tage überwinde ich meinen Widerwillen gegen den Tabaksqualm und lerne rauchen und halte die ungewaschensten Reden vor dem ungewaschensten Publikum ...

Blätternd in Börnes »Pariser Briefen«, stieß ich jüngst auf eine Stelle, welche mit den Äußerungen, die mir oben entschlüpft, einen sonderbaren Zusammenklang bildet. Sie lautet folgendermaßen:

»– – Vielleicht fragen Sie mich verwundert, wie ich Lump dazu komme, mich mit Byron zusammenzustellen? Darauf muß ich Ihnen erzählen, was Sie noch nicht wissen. Als Byrons Genius, auf seiner Reise durch das Firmament, auf die Erde ankam, eine Nacht dort zu verweilen, stieg er zuerst bei mir ab. Aber das Haus gefiel ihm gar nicht, er eilte schnell wieder fort und kehrte in das Hotel Byron ein. Viele Jahre hat mich das geschmerzt, lange hat es mich betrübt, daß ich sowenig geworden, gar nichts erreicht. Aber jetzt ist es vorüber, ich habe es vergessen und lebe zufrieden in meiner Armut. Mein Unglück ist, daß ich im Mittelstande geboren bin, für den ich gar nicht passe. Wäre mein Vater Besitzer von Millionen oder ein Bettler gewesen, wäre ich der Sohn eines vornehmen Mannes oder eines Landstreichers, hätte ich es gewiß zu etwas gebracht. Der halbe Weg, den andere durch ihre Geburt voraushatten, entmutigte mich; hätten sie den ganzen Weg vorausgehabt, hätte ich sie gar nicht gesehen und sie eingeholt. So aber bin ich der Perpendikel einer bürgerlichen Stubenuhr geworden, schweife rechts, schweife links aus und mußte immer zur Mitte zurückkehren.«

Dieses schrieb Börne den 20. März 1831. Wie über andre, hat er auch über sich selber schlecht prophezeit. Die bürgerliche Stubenuhr wurde eine Sturmglocke, deren Geläute Angst und Schrecken verbreitete. Ich habe bereits gezeigt, welche ungestüme Glöckner an den Strängen rissen, ich habe angedeutet, wie Börne den zeitgenossenschaftlichen Passionen als Organ diente und seine Schriften nicht als das Produkt eines einzelnen, sondern als Dokument unserer politischen Sturm-und-Drang-Periode betrachtet werden müssen. Was in jener Periode sich besonders geltend machte und die Gärung bis zur kochenden Sud steigerte, waren die polnischen und rheinbayrischen Vorgänge, und diese haben auf den Geist Börnes den mächtigsten Einfluß geübt. Ebenso glühend wie einseitig war sein Enthusiasmus für die Sache Polens, und als dieses mutige Land unterlag, trotz der wunderbarsten Tapferkeit seiner Helden, da brachen bei Börne alle Dämme der Geduld und Vernunft. Das ungeheure Schicksal so vieler edlen Märtyrer der Freiheit, die, in langen Trauerzügen Deutschland durchwandernd, sich in Paris versammelten, war in der Tat geeignet, ein edel gefühlvolles Herz bis in seine Tiefen zu bewegen. Aber was brauch ich dich, teurer Leser, an diese Betrübnisse zu erinnern, du hast in Deutschland den Durchzug der Polen mit eignen tränenden Augen angesehen, und du weißt, wie das ruhige, stille deutsche Volk, das die eignen Landesnöten so geduldig erträgt, bei dem Anblick der unglücklichen Sarmaten von Mitleid und Zorn so gewaltig erschüttert wurde und so sehr außer Fassung kam, daß wir nahe daran waren, für jene Fremden das zu tun, was wir nimmermehr für uns selber täten, nämlich die heiligsten Untertanspflichten beiseite zu setzen und eine Revolution zu machen ... zum Besten der Polen.

63

Ja, mehr als alle obrigkeitliche Plackereien und demagogische Schriften hat der Durchzug der Polen den deutschen Michel revolutioniert, und es war ein großer Fehler der respektiven deutschen Regierungen, daß sie jenen Durchzug in der bekannten Weise gestatteten. Der größere Fehler freilich bestand darin, daß sie die Polen nicht längere Zeit in Deutschland verweilen ließen; denn diese Ritter der Freiheit hätten bei verlängertem Aufenthalt jene bedenkliche, höchst bedrohliche Sympathie, die sie den Deutschen einflößten, selber wieder zerstört. Aber sie zogen rasch durchs Land, hatten keine Zeit, durch Dichtung und Wahrheit einer den anderen zu diskreditieren, und sie hinterließen die staatsgefährlichste Aufregung.

Ja, wir Deutschen waren nahe daran, eine Revolution zu machen, und zwar nicht aus Zorn und Not, wie andere Völker, sondern aus Mitleid, aus Sentimentalität, aus Rührung für unsere armen Gastfreunde, die Polen. Tatsüchtig schlugen unsre Herzen, wenn diese uns am Kamin erzählten, wieviel sie ausgestanden von den Russen, wieviel Elend, wieviel Knutenschläge ... bei den Schlägen horchten wir noch sympathetischer, denn eine geheime Ahnung sagte uns, die russischen Schläge, welche jene Polen bereits empfangen, seien dieselben, die wir in der Zukunft noch zu bekommen haben. Die deutschen Mütter schlugen angstvoll die Hände über den Kopf, als sie hörten, daß der Kaiser Nikolas, der Menschenfresser, alle Morgen drei kleine Polenkinder verspeise, ganz roh, mit Essig und Öl. Aber am tiefsten erschüttert waren unsre Jungfrauen, wenn sie im Mondschein an der Heldenbrust der polnischen Märtyrer lagen und mit ihnen jammerten und weinten über den Fall von Warschau und den Sieg der russischen Barbaren ... Das waren keine frivole Franzosen, die bei solchen Gelegenheiten nur schäkerten und lachten ... nein, diese larmoyanten Schnurrbärte gaben auch etwas fürs Herz, sie hatten Gemüts und nichts gleicht der holden Schwärmerei, womit deutsche Mädchen und Frauen ihre Bräutigame und Gatten beschworen, so schnell als möglich eine Revolution zu machen ... zum Besten der Polen.

Eine Revolution ist ein Unglück, aber ein noch größeres Unglück ist eine verunglückte Revolution; und mit einer solchen bedrohte uns die Einwanderung jener nordischen Freunde, die in unsere Angelegenheiten alle jene Verwirrung und Unzuverlässigkeit gebracht hätte, wodurch sie selber daheim zugrunde gegangen. Ihre Einmischung wäre uns um so verderblicher geworden, da die deutsche Unerfahrenheit sich von den Ratschlägen jener kleinen polnischen Schlauheit, die sich für politische Einsicht ausgibt, gern leiten ließ und gar die deutsche Bescheidenheit, bestochen von jener flinken Ritterlichkeit, die den Polen eigen ist, diesen letztern die wichtigsten Führerstellen vertraut hätte. – Ich habe mich damals, in dieser Beziehung, über die Popularität der Polen nicht wenig geängstigt. Es hat sich vieles seitdem geändert, und gar für die Zukunft, für die deutschen Freiheitsinteressen einer spätern Zeit, braucht man die Popularität der Polen wenig zu fürchten. Ach nein, wenn einst Deutschland sich wieder rüttelt, und diese Zeit wird dennoch kommen, dann werden die Polen kaum noch dem Namen nach existieren, sie werden ganz mit den Russen verschmolzen sein, und als solche werden wir uns auf donnernden Schlachtfeldern wieder begegnen ... und sie werden für uns minder gefährlich sein als Feinde denn als Freunde. Der einzige Vorteil, den wir ihnen verdanken, ist jener Russenhaß, den sie bei uns gesät und der, still fortwuchernd im deutschen Gemüte, uns mächtig vereinigen wird, wenn die große Stunde schlägt, wo wir uns zu verteidigen haben gegen jenen furchtbaren Riesen, der jetzt noch schläft und im Schlafe wächst, die Füße weitausstreckend in die duftigen Blumengärten des Morgenlands, mit dem Haupte anstoßend an den Nordpol, träumend ein neues Weltreich ... Deutschland wird einst mit diesem Riesen den Kampf bestehen müssen, und für diesen Fall ist es gut, daß wir die Russen schon früh hassen lernten, daß dieser Haß in uns gesteigert wurde, daß auch alle andren Völker daran teilnehmen ... das ist ein Dienst, den uns die Polen leisten, die jetzt als Propaganda des Russenhasses in der ganzen Welt umherwandern. Ach, diese unglücklichen Polen! sie selber werden einst die nächsten Opfer unseres blinden Zornes sein, sie werden einst, wenn der Kampf beginnt, die russische Avantgarde bilden, und sie genießen alsdann die bittern Früchte jenes Hasses, den sie selber gesät. Ist es der Wille des Schicksals oder ist es glorreiche Beschränktheit, was die Polen immer dazu verdammte, sich selber die schlimmste Falle und endlich die Todesgrube zu graben ... seit den Tagen Sobieskis, der die Türken schlug, Polens natürliche Alliierte, und die Östreicher rettete ... der ritterliche Dummkopf!

Ich habe oben von der »kleinen polnischen Schlauheit« gesprochen. Ich glaube, dieser Ausdruck wird keiner Mißdeutung anheimfallen; kommt er doch aus dem Munde eines Mannes, dessen Herz am frühesten für Polen schlug und der lange schon vor der polnischen Revolution für dieses heldenmütige Volk sprach und litt. Jedenfalls will ich jenen Ausdruck noch dahin mildern, daß ich nachträglich bemerke, er bezieht sich hier auf die Jahre 1831 und 1832, wo die Polen von der großen Wissenschaft der Freiheit nicht einmal die ersten Elementarkenntnisse besaßen und die Politik ihnen nichts anders dünkte als eben ein Gewebe von Weiberkniffen und Hinterlist, kurz, als eine Manifestation jener »kleinen polnischen Schlauheit«, für welche sie sich ein ganz besonderes Talent zutrauten.

Diese Polen waren gleichsam ihrem heimatlichen Mittelalter entsprungen, und ganze Urwälder von Unwissenheit im Kopfe tragend, stürmten sie nach Paris, und hier warfen sie sich entweder in die Sektionen der Republikaner oder in die Sakristeien der katholischen Schule: denn um Republikaner zu sein, dazu braucht man wenig zu wissen, und um Katholik zu sein, braucht man gar nichts zu wissen, sondern braucht man nur zu glauben. Die Gescheutesten unter ihnen begriffen die Revolution nur in der Form der Emeute, und sie ahneten nimmermehr, daß namentlich in Deutschland durch Tumult und Straßenauflauf wenig gefördert wird. Ebenso unheilvoll wie spaßhaft war das Manöver, womit einer ihrer größten Staatsmänner gegen die deutschen Regierungen verfuhr. Er hatte nämlich bei dem Durchzug der Polen bemerkt, wie ein einziger Pole hinreichend war, um eine stille deutsche Stadt in Bewegung zu setzen, und da er der gelehrteste Litauer war und aus der Geographie ganz genau wußte, daß Deutschland aus einigen dreißig Staaten besteht, schickte er von Zeit zu Zeit einen Polen nach der Hauptstadt eines dieser Staaten ... er setzte gleichsam einen Polen auf irgendeinen jener dreißig deutschen Staaten, wie auf die Nummern eines Rouletts, wahrscheinlich ohne große Hoffnung des Gelingens, aber ruhig berechnend: an einem einzigen Polen ist nicht viel verloren, verursacht er jedoch wirklich eine Emeute, gewinnt meine Nummer, so kommt vielleicht eine ganze Revolution dabei heraus!

Ich spreche von 1831 und 1832. Seitdem sind acht Jahre verflossen, und ebensogut wie die Helden deutscher Zunge haben auch die Polen manche bittere, aber nützliche Erfahrung gemacht, und viele von ihnen konnten die schreckliche Muße des Exils zum Studium der Zivilisation benutzen. Das Unglück hat sie ernsthaft geschult, und sie haben etwas Tüchtiges lernen können. Wenn sie einst in ihr Vaterland zurückkehren, werden sie dort die heilsamste Saat ausstreuen, und wo nicht ihre

Heimat, doch gewiß die Welt wird die Früchte ihrer Aussaat ernten. Das Licht, das sie einst mit nach Hause bringen, wird sich vielleicht weit verbreiten nach dem fernsten Nordosten und die dunkeln Föhrenwälder in Flammen setzen, so daß bei der auflodernden Helle unsere Feinde sich einander beschauen und voreinander entsetzen werden ... sie würgen sich alsdann untereinander in wahnsinnigem Wechselschreck und erlösen uns von aller Gefahr ihres Besuches. Die Vorsehung vertraut das Licht zuweilen den ungeschicktesten Händen, damit ein heilsamer Brand entstehe in der Welt ...

Nein, Polen ist noch nicht verloren ... Mit seiner politischen Existenz ist sein wirkliches Leben noch nicht abgeschlossen. Wie einst Israel nach dem Falle Jerusalems, so vielleicht nach dem Falle Warschaus erhebt Polen sich zu den höchsten Bestimmungen. Es sind diesem Volke vielleicht noch Taten vorbehalten, die der Genius der Menschheit höher schätzt als die gewonnenen Schlachten und das rittertümliche Schwertergeklirre nebst Pferdegetrampel seiner nationalen Vergangenheit! Und auch ohne solche nachblühende Bedeutung wird Polen nie ganz verloren sein ... Es wird ewig leben auf den rühmlichsten Blättern der Geschichte!!!

Nächst dem Durchzug der Polen habe ich die Vorgänge in Rheinbayern als den nächsten Hebel bezeichnet, welcher nach der Juliusrevolution die Aufregung in Deutschland bewirkte und auch auf unsere Landsleute in Paris den größten Einfluß ausübte. Die hiesige Volksversammlung war im Anfang nichts anderes als eine Filialgesellschaft des Preßvereins von Zweibrücken. Einer der gewaltigsten Redner der Bipontiner kam hierher; ich habe ihn nie in der Volksversammlung sprechen gehört, sah ihn damals nur zufällig einmal im Kaffeehause, wo er mit hoher Stirn das neue Reich verkündete und die gemäßigten Verräter, namentlich die Redaktoren der Augsburger »Allgemeinen Zeitung«, mit dem Strang bedrohte ... (Ich wundre mich, daß ich damals noch den Mut hatte, als Redakteur der »Allgemeinen Zeitung« tätig zu sein ... Jetzt sind die Zeiten minder gefährlich ... Es sind seitdem acht Jahre verflossen, und der damalige Schreckensmann, der Tribun aus Zweibrücken, ist in diesem Augenblick einer der schreibseligsten Mitarbeiter der »Allgemeinen Zeitung« ...)

Von Rheinbayern sollte die deutsche Revolution ausgehen. Zweibrücken war das Bethlehem, wo die junge Freiheit, der Heiland, in der Wiege lag und welterlösend greinte. Neben dieser Wiege brüllte manches Öchslein, das späterhin, als man auf seine Hörner zählte, sich als ein sehr gemütliches Rindvieh erwies. Man glaubte ganz sicher, daß die deutsche Revolution in Zweibrücken beginnen würde, und alles war dort reif zum Ausbruch. Aber, wie gesagt, die Gemütlichkeit einiger Personen vereitelte jenes polizeiwidrige Unterfangen. Da war z.B. unter den verschwornen Bipontinern ein gewaltiger Bramarbas, der immer am lautesten wütete, der von Tyrannenhaß am tollsten übersprudelte, und dieser sollte, mit der ersten Tat vorangehend, eine Schildwache, die einen Hauptposten bewachte, gleich niederstechen ... »Was!« rief der Mann, als man ihm diese Ordre gab, »was! mir, mir konntet ihr eine so schauderhafte, so abscheuliche, so blutdürstige Handlung zumuten? Ich, ich soll eine unschuldige Schildwache umbringen? Ich, der ich ein Familienvater bin! Und diese Schildwache ist vielleicht ebenfalls ein Familienvater. Ein Familienvater soll einen Familienvater ermorden! ja töten! umbringen!«

Da der Dr. Pistor, einer der Zweibrücker Helden, welcher mir diese Geschichte erzählte, jetzt dem Bereiche jeder Verantwortlichkeit entsprungen ist, darf ich ihn wohl als Gewährsmann nennen. Er versicherte mir, daß die deutsche Revolution durch die erwähnte Sentimentalität des Familienvaters vorderhand ajourniert wurde. Und doch war der Moment ziemlich günstig. Nur damals und während den Tagen des Hambacher Festes hätte mit einiger Aussicht guten Erfolges die allgemeine Umwälzung in Deutschland versucht werden können. Jene Hambacher Tage waren der letzte Termin, den die Göttin der Freiheit uns gewährte; die Sterne waren günstig; seitdem erlosch jede Möglichkeit des Gelingens. Dort waren sehr viele Männer der Tat versammelt, die selber von ernstem Willen glühten und auf die sicherste Hülfe rechnen konnten. Jeder sah ein, es sei der rechte Moment zu dem großen Wagnis, und die meisten setzten gerne Glück und Leben aufs Spiel ... Wahrlich, es war nicht die Furcht, welche damals nur das Wort entzügelte und die Tat zurückdämmte. – Was war es aber, was die Männer von Hambach abhielt, die Revolution zu beginnen?

Ich wage es kaum zu sagen, denn es klingt unglaublich, aber ich habe die Geschichte aus authentischer Quelle, nämlich von einem Mann, der als wahrheitsliebender Republikaner bekannt und selber zu Hambach in dem Komitee saß, wo man über die anzufangende Revolution debattierte; er gestand mir nämlich im Vertrauen: Als die Frage der Kompetenz zur Sprache gekommen, als man darüber stritt, ob die zu Hambach anwesenden Patrioten auch wirklich kompetent seien, im Namen von ganz Deutschland eine Revolution anzufangen, da seien diejenigen, welche zur raschen Tat rieten, durch die Mehrheit überstimmt worden, und die Entscheidung lautete: man sei nicht kompetent.

O Schilda, mein Vaterland!

Venedey möge es mir verzeihen, wenn ich diese geheime Kompetenzgeschichte ausplaudre und ihn selber als Gewährsmann nenne; aber es ist die beste Geschichte, die ich auf dieser Erde erfahren habe. Wenn ich daran denke, vergesse ich alle Kümmernisse dieses irdischen Jammertals, und vielleicht einst, nach dem Tode, in der neblichten Langeweile des Schattenreichs wird die Erinnerung an diese Kompetenzgeschichte mich aufheitern können ... Ja, ich bin überzeugt, wenn ich sie dort Proserpinen erzähle, der mürrischen Gemahlin des Höllengotts, so wird sie lächeln, vielleicht laut lachen ...

O Schilda, mein Vaterland!

Ist diese Geschichte nicht wert, mit goldenen Buchstaben auf Samt gestickt zu werden, wie die Gedichte des Mollakat, welche in der Moschee von Mekka zu schauen sind? Ich möchte sie jedenfalls in Verse bringen und in Musik setzen lassen, damit sie großen Königskindern als Wiegenlied vorgesungen werde ... Ihr könnt ruhig schlafen, und zur Belohnung für das furchttheilende Lied, das ich euch gesungen, ihr großen Königskinder, ich bitte euch, öffnet die Kerkertüren der gefangenen Patrioten ... Ihr habt nichts zu riskieren, die deutsche Revolution ist noch weit von euch entfernt, gut Ding will Weile, und die Frage der Kompetenz ist noch nicht entschieden ...

O Schilda, mein Vaterland!

Wie dem aber auch sei, das Fest von Hambach gehört zu den merkwürdigsten Ereignissen der deutschen Geschichte, und wenn ich Börne glauben soll, der diesem Feste beiwohnte, so gewährte dasselbe ein gutes Vorzeichen für die Sache der Freiheit. Ich hatte Börne lange aus den Augen verloren, und es war bei seiner Rückkehr von Hambach, daß ich ihn wiedersah, aber auch zum letzten Male in diesem Leben. Wir gingen miteinander in den Tuilerien spazieren, er erzählte mir viel von Hambach und war noch ganz begeistert von dem Jubel jener großen Volksfeier. Er konnte nicht genug die Eintracht und den Anstand rühmen, die dort herrschten. Es ist wahr, ich habe es auch aus anderen Quellen erfahren, zu Hambach gab es durchaus keine äußere Exzesse, weder betrunkene Tobsucht noch pöbelhafte Roheit, und die

Orgie, der Kirmestaumel, war mehr in den Gedanken als in den Handlungen. Manches tolle Wort wurde laut ausgesprochen in jenen Reden, die zum Teil späterhin gedruckt erschienen. Aber der eigentliche Wahnwitz ward bloß geflüstert. Börne erzählte mir: Während er mit Siebenpfeiffer redete, nahte sich demselben ein alter Bauer und raunte ihm einige Worte ins Ohr, worauf jener verneinend den Kopf schüttelte. »Aus Neugier«, setzte Börne hinzu, »frug ich den Siebenpfeiffer, was der Bauer gewollt, und jener gestand mir, daß der alte Bauer ihm mit bestimmten Worten gesagt habe: ›Herr Siebenpfeiffer, wenn Sie König sein wollen, wir machen Sie dazu!‹

Ich habe mich sehr amüsiert« – fuhr Börne fort –, »wir waren dort alle wie Blutsfreunde, drückten uns die Hände, tranken Brüderschaft, und ich erinnere mich besonders eines alten Mannes, mit welchem ich eine ganze Stunde geweint habe, ich weiß gar nicht mehr warum. Wir Deutschen sind ein ganz prächtiges Volk und gar nicht mehr so unpraktisch wie sonst. Wir hatten in Hambach auch das lieblichste Maiwetter, wie Milch und Rosen, und ein schönes Mädchen war dort, die mir die Hand küssen wollte, als wär ich ein alter Kapuziner; ich habe das nicht gelitten, und Vater und Mutter befahlen ihr, mich auf den Mund zu küssen, und versicherten mir, daß sie mit dem größten Vergnügen meine sämtlichen Schriften gelesen. Ich habe mich sehr amüsiert. Auch meine Uhr ist mir gestohlen worden. Aber das freut mich ebenfalls, das ist gut, das gibt mir Hoffnung. Auch wir, und das ist gut, auch wir haben Spitzbuben unter uns und werden daher desto leichter reüssieren. Da ist der verwünschte Kerl von Montesquieu, welcher uns eingeredet hatte, die Tugend sei das Prinzip der Republikaner! Und ich ängstigte mich schon, daß unsere Partei aus lauter ehrlichen Leuten bestehen und deshalb nichts ausrichten würde. Es ist durchaus nötig, daß wir, ebensogut wie unsre Feinde, auch Spitzbuben unter uns haben. Ich hätte gerne den Patrioten entdeckt, der mir zu Hambach meine Uhr gemaust; ich würde ihm, wenn wir zur Regierung kommen, sogleich die Polizei übertragen und die Diplomatie. Ich kriege ihn aber heraus, den Dieb. Ich werde nämlich im ›Hamburger Korrespondenten‹ annoncieren, daß ich dem ehrlichen Finder meiner Uhr die Summe von hundert Louisdor auszahle. Die Uhr ist es wert, schon als Kuriosität: es ist nämlich die erste Uhr, welche die deutsche Freiheit gestohlen hat. Ja, auch wir, Germaniens Söhne, wir erwachen aus unserer schläfrigen Ehrlichkeit ... Tyrannen zittert, wir stehlen auch!«

Der arme Börne konnte nicht aufhören, von Hambach zu reden und von dem Pläsier, das er dort genossen. Es war, als ob er ahnte, daß er zum letztenmal in Deutschland gewesen, zum letztenmal deutsche Luft geatmet, deutsche Dummheiten eingesogen mit durstigen Ohren – »Ach!« seufzte er, »wie der Wanderer im Sommer nach einem Labetrunk schmachtet, so schmachte ich manchmal nach jenen frischen erquicklichen Dummheiten, wie sie nur auf dem Boden unseres Vaterlands gedeihen. Diese sind so tiefsinnig, so melancholisch lustig, daß einem das Herz dabei jauchzt. Hier bei den Franzosen sind die Dummheiten so trocken, so oberflächlich, so vernünftig, daß sie für jemand, der an Besseres gewohnt, ganz ungenießbar sind. Ich werde deshalb in Frankreich täglich vergrämter und bitterer und sterbe am Ende. Das Exil ist eine schreckliche Sache. Komme ich einst in den Himmel, ich werde mich gewiß auch dort unglücklich fühlen, unter den Engeln, die so schön singen und so gut riechen ... sie sprechen ja kein Deutsch und rauchen keinen Kanaster ... Nur im Vaterland ist mir wohl! Vaterlandsliebe! Ich lache über dieses Wort im Munde von Leuten, die nie im Exil gelebt ... Sie könnten ebensogut von Milchbreiliebe sprechen. Milchbreiliebe! In einer afrikanischen Sandwüste hat das Wort schon seine Bedeutung. Wenn ich je so glücklich bin, wieder nach dem lieben Deutschland zurückzukehren, so nennen Sie mich einen Schurken, wenn ich dort gegen irgendeinen Schriftsteller schreibe, der im Exile lebt. Wäre nicht die Furcht vor den Schändlichkeiten, die man einen im Gefängnis aussagen läßt, ich wäre nicht mehr fortgegangen, hätte mich ruhig festsetzen lassen, wie der brave Wirth und die anderen, denen ich ihr Schicksal voraussagte, ja denen ich alles voraussagte, wie ich es im Traum gesehen ...

Ja, das war ein närrischer Traum« – rief Börne plötzlich mit lautem Lachen und aus der düsteren Stimmung in die heitere überspringend, wie es seine Gewohnheit war –, »das war ein närrischer Traum! Die Erzählungen des Handwerksburschen, der in Amerika gewesen, hatten mich dazu vorbereitet. Dieser erzählte mir nämlich, in den nordamerikanischen Städten sähe man auf der Straße sehr große Schildkröten herumkriechen, auf deren Rücken mit Kreide geschrieben steht, in welchem Gasthaus und an welchem Tage sie als Tortulsuppe verspeist werden. Ich weiß nicht, warum mich diese Erzählung so sehr frappierte, warum ich den ganzen Tag an die armen Tiere dachte, die so ruhig durch die Straßen von Boston umherkriechen und nicht wissen, daß auf ihrem Rücken ganz bestimmt der Tag und der Ort ihres Untergangs geschrieben steht ... Und nachts, denken Sie sich, im Traume, sehe ich meine Freunde, die deutschen Patrioten, in lauter solche Schildkröten verwandelt, ruhig herumkriechen, und auf dem Rücken eines jeden steht mit großen Buchstaben ebenfalls Ort und Datum, wo man ihn einstecken werde in den verdammten Suppentopf ... Ich habe des andern Tags die Leute gewarnt, durfte ihnen aber nicht sagen, was mir geträumt: denn sie hätten's mir übelgenommen, daß sie, die Männer der Bewegung, mir als langsame Schildkröten erschienen ... Aber das Exil, das Exil, das ist eine schreckliche Sache ... Ach! wie beneide ich die französischen Republikaner! Sie leiden aber im Vaterlande. Bis zum Augenblick des Todes steht ihr Fuß auf dem geliebten Boden des Vaterlandes. Und gar die Franzosen, welche hier in Paris kämpfen und alle jene teuren Denkmäler vor Augen haben, die ihnen von den Großtaten ihrer Väter erzählen und sie trösten und aufmuntern! Hier sprechen die Steine und singen die Bäume, und so ein Stein hat mehr Ehrgefühl und predigt Gottes Wort, nämlich die Märtyrgeschichte der Menschheit, weit eindringlicher als alle Professoren der Historischen Schule zu Berlin und Göttingen. Und diese Kastanienbäume, hier in den Tuilerien, ist es nicht, als sängen sie heimlich die Marseillaise mit ihren tausend grünen Zungen? ... Hier ist heiliger Boden, hier sollte man die Schuhe ausziehen, wenn man spazierengeht ... Hier links ist die Terrasse der Feuillants; dort rechts, wo sich jetzt die Rue Rivoli hinzieht, hielt der Klub der Jakobiner seine Sitzungen ... Hier vor uns, im Tuileriengebäude, donnerte der Konvent, die Titanenversammlung, wogegen Bonaparte mit seinem Blitzvogel nur wie ein kleiner Jupiter erscheint ... dort gegenüber grüßt uns die Place Louis XVI, wo das große Exempel statuiert wurde ... Und zwischen beiden, zwischen Schloß und Richtplatz, zwischen Feuillants- und Jakobinerklub, in der Mitte, der heilige Wald, wo jeder Baum ein blühender Freiheitsbaum ...«

An diesen alten Kastanienbäumen in dem Tuileriengarten sind aber mitunter sehr morsche Äste, und eben in dem Augenblicke, wo Börne die obige Phrase schließen wollte, brach mit lautem Gekrach ein Ast jener Bäume, und mit voller Wucht aus bedeutender Höhe herunterstürzend, hätte er uns beide schier zerschmettert, wenn wir nicht hastig zur Seite sprangen. Börne, welcher nicht so schnell wie ich sich rettete, ward von einem Zweige des fallenden Astes an der Hand verletzt und brummte verdrießlich: »Ein böses Zeichen!«

Viertes Buch

– Und dennoch beurkundete das Fest von Hambach einen großen Fortschritt, zumal wenn man es mit jenem anderen Feste vergleicht, das einst ebenfalls zur Verherrlichung gemeinsamer Volksinteressen auf der Wartburg stattfand. Nur in Außendingen, in Zufälligkeiten, sind sich beide Bergfeiern sehr ähnlich; keineswegs ihrem tieferen Wesen nach. Der Geist, der sich auf Hambach aussprach, ist grundverschieden von dem Geiste oder vielmehr von dem Gespenste, das auf der Wartburg seinen Spuk trieb. Dort, auf Hambach, jubelte die moderne Zeit ihre Sonnenaufgangslieder, und mit der ganzen Menschheit ward Brüderschaft getrunken; hier aber, auf der Wartburg, krächzte die Vergangenheit ihren obskuren Rabengesang, und bei Fackellicht wurden Dummheiten gesagt und getan, die des blödsinnigsten Mittelalters würdig waren! Auf Hambach hielt der französische Liberalismus seine trunkensten Bergpredigten, und sprach man auch viel Unvernünftiges, so ward doch die Vernunft selber anerkannt als jene höchste Autorität, die da bindet und löset und den Gesetzen ihre Gesetze vorschreibt; auf der Wartburg hingegen herrschte jener beschränkte Teutomanismus, der viel von Liebe und Glaube greinte, dessen Liebe aber nichts anders war als Haß des Fremden und dessen Glaube nur in der Unvernunft bestand und der in seiner Unwissenheit nichts Besseres zu erfinden wußte, als Bücher zu verbrennen! Ich sage Unwissenheit, denn in dieser Beziehung war jene frühere Opposition, die wir unter dem Namen »die Altdeutschen« kennen, noch großartiger als die neuere Opposition, obgleich diese nicht gar besonders durch Gelehrsamkeit glänzt. Eben derjenige, welcher das Bücherverbrennen auf der Wartburg in Vorschlag brachte, war auch zugleich das unwissendste Geschöpf, das je auf Erden turnte und altdeutsche Lesarten herausgab: wahrhaftig, dieses Subjekt hätte auch Bröders lateinische Grammatik ins Feuer werfen sollen!

Sonderbar! trotz ihrer Unwissenheit hatten die sogenannten Altdeutschen von der deutschen Gelahrtheit einen gewissen Pedantismus geborgt, der ebenso widerwärtig wie lächerlich war. Mit welchem kleinseligen Silbenstechen und Auspünkteln diskutierten sie über die Kennzeichen deutscher Nationalität! Wo fängt der Germane an? Wo hört er auf? Darf ein Deutscher Tabak rauchen? Nein, behauptete die Mehrheit. Darf ein Deutscher Handschuhe tragen? Ja, jedoch von Büffelhaut. (Der schmutzige Maßmann wollte ganz sichergehen und trug gar keine.) Aber Biertrinken darf ein Deutscher, und er soll es als echter Sohn Germanias; denn Tacitus spricht ganz bestimmt von deutscher Cerevisia. Im Bierkeller zu Göttingen mußte ich einst bewundern, mit welcher Gründlichkeit meine altdeutschen Freunde die Proskriptionslisten anfertigten, für den Tag, wo sie zur Herrschaft gelangen würden. Wer nur im siebenten Glied von einem Franzosen, Juden oder Slawen abstammte, ward zum Exil verurteilt. Wer nur im mindesten etwas gegen Jahn oder überhaupt gegen altdeutsche Lächerlichkeiten geschrieben hatte, konnte sich auf den Tod gefaßt machen, und zwar auf den Tod durchs Beil, nicht durch die Guillotine, obgleich diese ursprünglich eine deutsche Erfindung und schon im Mittelalter bekannt war, unter dem Namen »die welsche Falle«. Ich erinnere mich bei dieser Gelegenheit, daß man ganz ernsthaft debattierte, ob man einen gewissen Berliner Schriftsteller, der sich im ersten Bande seines Werkes gegen die Turnkunst ausgesprochen hatte, bereits auf die erwähnte Proskriptionsliste setzen dürfe: denn der letzte Band seines Buches sei noch nicht erschienen, und in diesem letzten Bande könne der Autor vielleicht Dinge sagen, die den inkriminierten Äußerungen des ersten Bandes eine ganz andere Bedeutung erteilen.

Sind diese dunklen Narren, die sogenannten Deutschtümler, ganz vom Schauplatz verschwunden? Nein. Sie haben bloß ihre schwarzen Röcke, die Livree ihres Wahnsinns, abgelegt. Die meisten entledigten sich sogar ihres weinerlich brutalen Jargons, und vermummt in den Farben und Redensarten des Liberalismus, waren sie der neuen Opposition desto gefährlicher während der politischen Sturm-und-Drang-Periode nach den Tagen des Julius. Ja, im Heere der deutschen Revolutionsmänner wimmelte es von ehemaligen Deutschtümlern, die mit sauren Lippen die moderne Parole nachlallten und sogar die Marseillaise sangen ... sie schnitten dabei die fatalsten Gesichter ... Jedoch, es galt einen gemeinschaftlichen Kampf für ein gemeinschaftliches Interesse, für die Einheit Deutschlands, der einzigen Fortschrittsidee, die jene frühere Opposition zu Markte gebracht. Unsere Niederlage ist vielleicht ein Glück ... Man hätte als Waffenbrüder treulich nebeneinander gefochten, man wäre sehr einig gewesen während der Schlacht, sogar noch in der Stunde des Sieges ... aber den andern Morgen wäre eine Differenz zur Sprache gekommen, die unausgleichbar und nur durch die ultima ratio populorum zu schlichten war, nämlich durch die welsche Falle. Die Kurzsichtigen freilich unter den deutschen Revolutionären beurteilten alles nach französischen Maßstäben, und sie sonderten sich schon in Konstitutionelle und Republikaner und wiederum in Girondisten und Montagnards, und nach solchen Einteilungen haßten und verleumdeten sie sich schon um die Wette: aber die Wissenden wußten sehr gut, daß es im Heere der deutschen Revolution eigentlich nur zwei grundverschiedene Parteien gab, die keiner Transaktion fähig und heimlich dem blutigsten Hader entgegenzürnten. Welche von beiden schien die überwiegende? Die Wissenden unter den Liberalen verhehlten einander nicht, daß ihre Partei, welche den Grundsätzen der französischen Freiheitslehre huldigte, zwar an Zahl die stärkere, aber an Glaubenseifer und Hülfsmitteln die schwächere sei. In der Tat, jene regenerierten Deutschtümler bildeten zwar die Minorität, aber ihr Fanatismus, welcher mehr religiöser Art, überflügelte leicht einen Fanatismus, den nur die Vernunft ausgebrütet hat; ferner stehen ihnen jene mächtigen Formeln zu Gebot, womit man den rohen Pöbel beschwört, die Worte »Vaterland, Deutschland, Glauben der Väter« usw. elektrisieren die unklaren Volksmassen noch immer weit sicherer als die Worte »Menschheit, Weltbürgertum, Vernunft der Söhne, Wahrheit ...!« Ich will hiermit andeuten, daß jene Repräsentanten der Nationalität im deutschen Boden weit tiefer wurzeln als die Repräsentanten des Kosmopolitismus und daß letztere im Kampfe mit jenen wahrscheinlich den kürzern ziehen, wenn sie ihnen nicht schleunigst zuvorkommen ... durch die welsche Falle.

In Revolutionszeiten bleibt uns nur die Wahl zwischen Töten und Sterben.

Man hat keinen Begriff von solchen Zeiten, wenn man nicht etwas gekostet hat von dem Fieber, das alsdann die Menschen schüttelt und ihnen eine ganz eigene Denk- und Gefühlsweise einhaucht. Es ist unmöglich, die Worte und Taten solcher Zeiten während der Windstille einer Friedensperiode, wie die jetzige, zu beurteilen.

Ich weiß nicht, inwieweit obige Andeutungen einem stillen Verständnis begegnen. Unsere Nachfolger erben vielleicht unsere geheimen

Übel, und es ist Pflicht, daß wir sie darauf hinweisen, welches Heilmittel wir für probat hielten. Zugleich habe ich hier oben insinuiert, inwiefern zwischen mir und jenen Revolutionären, die den französischen Jakobinismus auf deutsche Verhältnisse übertrugen, eine gewisse Verbündung stattfinden mußte ... Trotzdem daß mich meine politischen Meinungen von ihnen schieden im Reiche des Gedankens, würde ich mich doch jederzeit denselben angeschlossen haben auf den Schlachtfeldern der Tat ... Wir hatten ja gemeinschaftliche Feinde und gemeinschaftliche Gefahren!

Freilich, in ihrer trüben Befangenheit haben jene Revolutionäre nie die positiven Garantien dieser natürlichen Allianz begriffen. Auch war ich ihnen so weit vorausgeschritten, daß sie mich nicht mehr sahen, und in ihrer Kurzsichtigkeit glaubten sie, ich wäre zurückgeblieben.

Es ist weder hier der Ort, noch ist es jetzt an der Zeit, ausführlicher über die Differenzen zu reden, die sich bald nach der Juliusrevolution zwischen mir und den deutschen Revolutionären in Paris kundgeben mußten. Als der bedeutendste Repräsentant dieser letzteren muß unser Ludwig Börne betrachtet werden, zumal in den letzten Jahren seines Lebens, als, infolge der republikanischen Niederlagen, die zwei tätigsten Agitatoren, Garnier und Wolfrum, vom Schauplatze abtraten.

Von ersterem ist bereits Erwähnung geschehn. Er war einer der rüstigsten Umtriebler, und man muß ihm das Zeugnis geben, daß er alle demagogische Talente im höchsten Grade besaß. Ein Mensch von vielem Geiste, auch vielen Kenntnissen und großer Beredsamkeit. Aber ein Intrigant. In den Stürmen einer deutschen Revolution hätte Garnier gewiß eine Rolle gespielt; da aber das Stück nicht aufgeführt wurde, ging es ihm schlecht. Man sagt, er mußte von Paris flüchten, weil sein Gastwirt ihm nach dem Leben trachtete, nicht, indem er ihm die Speisen zu vergiften drohte, sondern indem er ihm gar keine Speisen mehr ohne bare Bezahlung verabreichen wollte. Der andere der beiden Agitatoren, Wolfrum, war ein junger Mensch aus Altbayern, wenn ich nicht irre aus Hof, der hier als Kommis in einem Handlungshause konditionierte, aber seine Stelle aufgab, um den ausbrechenden Freiheitsideen, die auch ihn ergriffen hatten, seine ganze Tätigkeit zu widmen. Es war ein braver, uneigennütziger, von reiner Begeisterung getriebener Mensch, und ich halte mich um so mehr verpflichtet, dieses auszusprechen, da sein Andenken noch nicht ganz gereinigt ist von einer schauderhaften Verleumdung. Als er nämlich aus Paris verwiesen wurde und der General Lafayette den Grafen d'Argout, damaligen Minister des Innern, ob dieser Willkür in der Kammer zur Rede stellte, schneuzte d'Argout seine lange Nase und behauptete, der Verwiesene sei ein Agent der bayerschen Jesuiten gewesen und unter seinen Papieren habe man die Beweisstücke gefunden. Als Wolfrum, welcher sich in Belgien aufhielt, von dieser schnöden Beschuldigung durch die Tagesblätter Kunde empfing, wollte er auf der Stelle hierher zurückeilen, konnte aber wegen mangelnder Barschaft nur zu Fuße reisen, und erkrankt durch Übermüdung und innere Aufregung, mußte er bei seiner Ankunft zu Paris im Hôtel de Dieu einkehren; hier starb er unter fremdem Namen.

Wolfrum und Garnier waren immer Börnes treue Anhänger, aber sie behaupteten ihm gegenüber eine gewisse Unabhängigkeit, und nicht selten schöpften sie ihre Inspirationen aus ganz andern Quellen. Seitdem aber diese beiden verschwanden, trat Börne unter den Revolutionären zu Paris unmittelbar persönlich hervor, er herrschte nicht mehr durch Agenten seines Willens, sondern in eigenem Namen, und es fehlte ihm nicht an einem Hofstaat von beschränkten und erhitzten Köpfen, die ihm mit blinder Verehrung huldigten. Unter diesen lieben Getreuen saß er in aller Majestät seines buntseidenen Schlafrocks und hielt Gericht über die Großen dieser Erde, und neben dem Zaren aller Reußen war es wohl der Schreiber dieser Blätter, den sein rhadamantischer Zorn am stärksten traf ... Was in seinen Schriften nur halbwegs angedeutet wurde, fand im mündlichen Vortrag die grellste Ergänzung, und der argwöhnische Kleingeist, der ihn bemeisterte, und eine gewisse infame Tugend, die für die heilige Sache sogar die Lüge nicht verschmäht, kurz, Beschränktheit und Selbsttäuschung, trieben den Mann bis in die Moräste der Verleumdung.

Der Vorwurf in den Worten »argwöhnischer Kleingeist« soll hier weniger das Individuum als vielmehr die ganze Gattung treffen, die in Maximilian Robespierre, glorreichen Andenkens, ihren vollkommensten Repräsentanten gefunden. Mit diesem hatte Börne zuletzt die größte Ähnlichkeit: im Gesichte lauerndes Mißtrauen, im Herzen eine blutdürstige Sentimentalität, im Kopfe nüchterne Begriffe ... Nur stand ihm keine Guillotine zu Gebote, und er mußte zu Worten seine Zuflucht nehmen und bloß verleumden. Auch dieser Vorwurf trifft mehr die Gattungen; denn sonderbar! ebenso wie die Jesuiten haben die Jakobiner das Lügen als ein erlaubtes Kriegsmittel adoptiert, vielleicht weil sich beide der höchsten Zwecke bewußt waren: jene stritten für die Sache Gottes, diese für die Sache der Menschheit ... Wir wollen ihnen daher ihre Verleumdungen verzeihen!

Ob aber bei Ludwig Börne nicht manchmal ein geheimer Neid im Spiele war? Er war ja ein Mensch, und während er glaubte, er ruiniere den guten Leumund eines Andersgesinnten nur im Interesse der Republik, während er sich vielleicht noch etwas darauf zugute tat, dieses Opfer gebracht zu haben, befriedigte er unbewußt die versteckten Gelüste der eignen bösen Natur, wie einst Maximilian Robespierre, glorreichen Andenkens!

Und namentlich in betreff meiner hat der Selige sich solchen Privatgefühlen hingegeben, und alle seine Anfeindungen waren am Ende nichts anders als der kleine Neid, den der kleine Tambourmaître gegen den großen Tambourmajor empfindet: er beneidete mich ob des großen Federbusches, der so keck in die Lüfte hineinjauchzt, ob meiner reichgestickten Uniform, woran mehr Silber, als er, der kleine Tambourmaître, mit seinem ganzen Vermögen bezahlen konnte, ob der Geschicklichkeit, womit ich den großen Stock balanciere, ob der Liebesblicke, die mir die jungen Dirnen zuwerfen und die ich vielleicht mit etwas Koketterie erwidre!

Der Umgebung Börnes mag ebenfalls vieles von den angedeuteten Verirrungen zur Last fallen; er ward von den lieben Getreuen zu mancher schlimmen Äußerung angestachelt, und das mündlich Geäußerte ward noch bösartiger aufgestutzt und zu wunderlichen Privatzwecken verarbeitet. Bei all seinem Mißtrauen war er leicht zu betrügen, er ahnte nie, daß er ganz fremden Leidenschaften diente und nicht selten sogar den Einflüsterungen seiner Gegner gehorchte. Man versicherte mir, einige von den Spionen, die für Rechnung gewisser Regierungen hier herumschnüffeln, wußten sich so patriotisch zu gebärden, daß Börne ihnen sein ganzes Vertrauen schenkte und Tag und Nacht mit ihnen zusammenhockte und konspirierte.

Und doch wußte er, daß er von Spionen umgeben war, und einst sagte er mir: »Da geht beständig ein Kerl hinter mir her, der mich auf allen Straßen verfolgt, vor allen Häusern stehenbleibt, wo ich hineingehe, und gewiß von irgendeiner Regierung teuer dafür bezahlt wird. Wüßte ich nur, welche Regierung, ich würde ihr schreiben, daß ich das Geld selbst verdienen möchte, daß ich selber ihr täglich einen gewissenhaften Rapport abstatten wolle, wie ich den ganzen Tag zugebracht, mit wem ich gesprochen, wohin ich gegangen: ja, ich bin erbötig, diesen Rapport zu weit wohlfeilerem Preise, ja für die Hälfte des Geldes zu liefern, das dieser Kerl, der beständig hinter mir einhergeht, sich zahlen läßt; denn ich muß ja alle diese Gänge ohnedies machen. Ich könnte vielleicht davon leben, daß ich mein eigner Spion werde.«

Einen großen, vielleicht den größten Einfluß übte damals auf Börne die sogenannte Madame Wohl, eine bereits in diesen Blättern erwähnte zweideutige Dame, wovon man nicht genau wußte, zu welchem Titel ihr Verhältnis zu Börne sie berechtigte, ob sie seine Geliebte oder bloß seine Gattin. Die nächsten Freunde behaupteten lange Zeit steif und fest, daß Madame Wohl ihm heimlich angetraut sei und eines frühen Morgens als Frau Doktorin Börne ihre Aufwartung machen werde. Andere meinten, es herrsche zwischen beiden nur eine platonische Liebe, wie einst zwischen Messer Francesco und Madonna Laura, und sie fanden gewiß auch eine große Ähnlichkeit zwischen Petrarchas Sonetten und Börnes »Pariser Briefen«. Letztere waren nämlich nicht an eine erdichtete Luftgestalt, sondern an Madame Wohl gerichtet, was gewiß zu ihrem Werte beitrug, indem es ihnen jene bestimmte Physiognomie und jenes Individuelle erteilte, was keine Kunst nachahmen kann. Wenn sich in Briefen nicht bloß der Charakter des Schreibers, sondern auch des Empfängers abspiegelt, so ist Madame Wohl eine höchst respektable Person, die für Freiheit und Menschenrechte glüht, ein Wesen voll Gemüt, voll Begeisterung ... Und in der Tat, wir müssen dieser Ansicht Glauben schenken, wenn wir vernehmen, mit welcher Hingebung die Dame in bitterer Zeit an Börne festhielt, wie sie ihm ihr ganzes Leben weihte und wie sie jetzt, nach seinem Tode, in trostlosem Kummer verharrt, sich in der Einsamkeit nur noch mit dem Verstorbenen beschäftigend. Unstreitbar herrschte zwischen beiden die innigste Zuneigung, aber während das Publikum zweifelhaft war, welche sinnliche Tatsachen daraus entsprungen sein möchten, überraschte uns einst die plötzliche Nachricht, daß Madame Wohl sich nicht mit Börne, sondern mit einem jungen Kaufmann aus Frankfurt vermählt habe ... Die Verwunderung hierüber ward noch dadurch gesteigert, daß die Neuvermählte nebst ihrem Gatten hierherkam, mit Börne ein und dieselbe Wohnung bezog und alle drei einen einzigen Haushalt bildeten. Ja, es hieß, der junge Gatte habe die Frau nur deshalb geheuratet, um mit Börne in nähere Berührung zu kommen, er habe sich ausbedungen, daß zwischen beiden das frühere Verhältnis unverändert fortwalte. Wie man mir sagt, spielte er im Hause nur die dienende Person, verrichtete die roheren Geschäfte und ward ein sehr nützlicher Laufbursche für Börne, mit dessen Ruhm er hausieren ging und gegen dessen Gegner er unerbittlich Gift und Galle geiferte.

In der Tat, jener Gatte der Madame Wohl gehört nicht zu der guten Sorte, die mit der Toleranz in der Ehe eine gewisse Harmlosigkeit verbindet und dadurch allen Spott entwaffnet. Nein, er erinnerte vielmehr an jene böse Gattung, wovon in den indischen Geschichten des Ktesias Erwähnung geschieht. Dieser Autor berichtet nämlich: in Indien gäbe es gehörnte Esel, und während alle andere Esel gar keine Galle haben, hätten jene gehörnten Esel einen solchen Überfluß an Galle, daß ihr Fleisch dadurch ganz bitter schmecke.

Ich hoffe, es wird niemand mißdeuten, weshalb ich obige Partikularitäten aus Börnes Privatleben hervorhebe. Sie sollen nur zeigen, daß es noch ganz besondere Mißstände gab, die mir geboten, mich von ihm entfernt zu halten. Das ganze Reinlichkeitsgefühl meiner Seele sträubte sich in mir bei dem Gedanken, mit seiner nächsten Umgebung in die mindeste Berührung zu geraten. Soll ich die Wahrheit gestehen, so sah ich in Börnes Haushalt eine Immoralität, die mich anwiderte. Dieses Geständnis mag befremdlich klingen im Munde eines Mannes, der nie im Zelotengeschrei sogenannter Sittenprediger einstimmte und selber hinlänglich von ihnen verketzert wurde. Verdiente ich wirklich diese Verketzerungen? Nach tiefster Selbstprüfung kann ich mir das Zeugnis geben, daß niemals meine Gedanken und Handlungen in Widerspruch geraten mit der Moral, mit jener Moral, die meiner Seele eingeboren, die vielleicht meine Seele selbst ist, die beseelende Seele meines Lebens. Ich gehorche fast passiv einer sittlichen Notwendigkeit und mache deshalb keine Ansprüche auf Lorbeerkränze und sonstige Tugendpreise. Ich habe jüngst ein Buch gelesen, worin behauptet wird, ich hätte mich gerühmt, es liefe keine Phryne über die Pariser Boulevards, deren Reize mir unbekannt geblieben. Gott weiß, welchem ehrwürdigen Korrespondenzler solche saubre Anekdoten nachgesprochen wurden, ich kann aber dem Verfasser jenes Buches die Versicherung geben, daß ich, selbst in meiner tollsten Jugendzeit, nie ein Weib erkannt habe, wenn ich nicht dazu begeistert ward durch ihre Schönheit, die körperliche Offenbarung Gottes, oder durch die große Passion, jene große Passion, die ebenfalls göttlicher Art, weil sie uns von allen selbstsüchtigen Kleingefühlen befreit und die eiteln Güter des Lebens, ja das Leben selbst, hinopfern läßt! Was aber unseren Ludwig Börne betrifft, so dürfen wir kühn behaupten, daß es keineswegs die Begeisterung für Schönheit war, die ihn zu seiner Madame Wohl hinzog. Ebensowenig findet das Verhältnis dieser beiden Personen seine moralische Rechtfertigung in der großen Passion. Beherrscht von der großen Passion, würden beide keinen Anstand genommen haben, selbst ohne den Segen der Kirche und der Mairie, beieinander zu wohnen; das kleine Bedenken über das Kopfschütteln der Welt hätte sie nicht davon abgehalten ... Und die Welt ist am Ende gerecht, und sie verzeiht die Flammen, wenn nur der Brand stark und echt ist und schön lodert und lange ...

Gegen eitel verpuffendes Strohfeuer ist sie hart, und sie verspottet jede ängstliche Halbglut ... Die Welt achtet und ehrt jede Leidenschaft, sobald sie sich als eine wahre erprobt, und die Zeit erzeugt auch in diesem Falle eine gewisse Legitimität ... Aber Madame Wohl tat sich mit Börne zusammen unter dem Deckmantel der Ehe mit einem lächerlichen Dritten, dessen bitteres Fleisch ihr vielleicht manchmal mundete, während ihr Geist sich weidete am süßen Geiste Börnes ... Selbst in diesem anständigsten Falle, selbst im Fall dem idealischen Freunde nur das reine, schöne Gemüt und dem rohen Gatten die nicht sehr schöne und nicht sehr reinliche Hülle gewidmet ward, beruhte der ganze Haushalt auf der schmutzigsten Lüge, auf entweihter Ehe und Heuchelei, auf Immoralität.

Zu dem Ekel, der mich bei dem Zusammentreffen mit Börne von seiten seiner Umgebung bedrohte, gesellte sich auch das Mißbehagen, womit mich sein beständiges Kannengießern erfüllte. Immer politisches Räsonieren und wieder Räsonieren, und sogar beim Essen, wo er mich aufzusuchen wußte. Bei Tische, wo ich so gern alle Misere der Welt vergesse, verdarb er mir die besten Gerichte, durch seine patriotische Galle, die er gleichsam wie eine bittere Sauce darüber hinschwatzte. Kalbsfüße à la Maître d'hôtel, damals meine harmlose Lieblingsspeise, er verleidete sie mir durch Hiobsposten aus der Heimat, die er aus den unzuverlässigsten Zeitungen zusammengegabelt hatte. Und dann seine verfluchten Bemerkungen, die einem den Appetit verdarben. So z.B. kroch er mir mal nach in den Restaurant der Rue Lepelletier, wo damals nur politische Flüchtlinge aus Italien, Spanien, Portugal und Polen zu Mittag speisten. Börne, welcher sie alle kannte, bemerkte mit freudigem Händereiben: wir beide seien von der ganzen Gesellschaft die einzigen, die nicht von ihrer respektiven Regierung zum Tode verurteilt worden. »Aber ich habe«, setzte er hinzu, »noch nicht alle Hoffnung aufgegeben, es ebensoweit zu bringen. Wir werden am Ende alle gehenkt, und Sie ebensogut wie ich.« Ich äußerte bei dieser Gelegenheit, daß es in der Tat für die Sache der deutschen Revolution sehr förderam wäre, wenn unsere Regierungen etwas rascher verführen und einige Revolutionäre wirklich aufhingen, damit die übrigen sähen, daß die Sache gar kein Spaß und alles an alles gesetzt werden müsse … »Sie wollen gewiß«, fiel mir Börne in die Rede, »daß wir nach dem Alphabet gehenkt werden, und da wäre ich einer der ersten und käme schon im Buchstab B, man mag mich nun als Börne oder als Baruch hängen; und es hätte dann noch gute Weile, bis man an Sie käme, tief ins H.«

Das waren nun Tischgespräche, die mich nicht sehr erquickten, und ich rächte mich dafür, indem ich für die Gegenstände des Börneschen Enthusiasmus eine übertriebene, fast leidenschaftliche Gleichgültigkeit affektierte. Zum Beispiel Börne hatte sich geärgert, daß ich gleich bei meiner Ankunft in Paris nichts Besseres zu tun wußte, als für deutsche Blätter einen langen Bericht über die damalige Gemäldeausstellung zu schreiben. Ich lasse dahingestellt sein, ob das Kunstinteresse, das mich zu solcher Arbeit trieb, so ganz unvereinbar war mit den revolutionären Interessen des Tages; aber Börne sah hierin einen Beweis meines Indifferentismus für die heilige Sache der Menschheit, und ich konnte ihm ebenfalls die Freude seines patriotischen Sauerkrauts verleiden, wenn ich bei Tisch von nichts als von Bildern sprach, von Roberts »Schnittern«, von Horaz Vernets »Judith«, von Scheffers »Faust«. »Was taten Sie?« – frug er mich einst – »am ersten Tag Ihrer Ankunft in Paris? Was war Ihr erster Gang?« Er erwartete gewiß, daß ich ihm die Place Louis XVI oder das Pantheon, die Grabmäler Rousseaus und Voltaires, als meine erste Ausflucht nennen würde, und er machte ein sonderbares Gesicht, als ich ihm ehrlich die Wahrheit gestand, daß ich nämlich gleich bei meiner Ankunft nach der Bibliothèque Royale gegangen und mir vom Aufseher der Manuskripte den Manessischen Kodex der Minnesänger hervorholen ließ. Und das ist wahr; seit Jahren gelüstete mich, mit eigenen Augen die teuern Blätter zu sehen, die uns unter anderen die Gedichte Walthers von der Vogelweide, des größten deutschen Lyrikers, aufbewahrt haben. Für Börne war dieses ebenfalls ein Beweis meines Indifferentismus, und er zieh mich des Widerspruchs mit meinen politischen Grundsätzen. Daß ich es nie der Mühe wert hielt, letztere mit ihm zu diskutieren, versteht sich von selbst; und als er einst auch in meinen Schriften einen Widerspruch entdeckt haben wollte, begnügte ich mich mit der ironischen Antwort: »Sie irren sich, Liebster, dergleichen findet sich nie in meinen Büchern, denn jedesmal, ehe ich schreibe, pflege ich vorher meine politischen Grundsätze in meinen früheren Schriften wieder nachzulesen, damit ich mir nicht widerspreche und man mir keinen Abfall von meinen liberalen Prinzipien vorwerfen könne.« Aber nicht bloß beim Essen, sondern sogar in meiner Nachtsruhe inkommodierte mich Börne mit seiner patriotischen Exaltation. Er kam einmal um Mitternacht zu mir heraufgestiegen in meine Wohnung, weckte mich aus dem süßesten Schlaf, setzte sich vor mein Bett und jammerte eine ganze Stunde über die Leiden des deutschen Volks und über die Schändlichkeiten der deutschen Regierungen, und wie die Russen für Deutschland so gefährlich seien und wie er sich vorgenommen habe, zur Rettung Deutschlands gegen den Kaiser Nikolaus zu schreiben und gegen die Fürsten, die das Volk so mißhandelten, und gegen den Bundestag ... Und ich glaube, er hätte bis zum Morgen in diesem Zuge fortgeredet, wenn ich nicht plötzlich, nach langem Schweigen, in die Worte ausbrach: »Sind Sie Gemeindeversorger?« –

Nur zweimal habe ich ihn seitdem wieder gesprochen. Das eine Mal bei der Heirat eines gemeinsamen Freundes, der uns beide als Zeugen gewählt, das andere Mal auf einem Spaziergang in den Tuilerien, dessen ich bereits erwähnte. Bald darauf erschien der dritte und vierte Teil seiner »Pariser Briefe«, und ich vermied nicht bloß jede Gelegenheit des Zusammentreffens, sondern ich ließ ihn auch merken, daß ich ihm geflissentlich auswich, und seit der Zeit habe ich ihm zwar zwei- oder dreimal begegnet, aber nie habe ich seitdem ein einziges Wort mit ihm gesprochen. Bei seiner sanguinischen Art wurmte ihn das bis zur Verzweiflung, und er setzte alle möglichen Erfindungen ins Spiel, um mir wieder freundschaftlich nahen zu dürfen oder wenigstens eine Unterredung mit mir zu bewirken. Ich hatte also nie im Leben mit Börne einen mündlichen Disput, nie sagten wir uns irgendeine schwere Beleidigung; nur aus seinen gedruckten Reden merkte ich die lauernde Böswilligkeit, und nicht verletztes Selbstgefühl, sondern höhere Sorgen und die Treue, die ich meinem Denken und Wollen schuldig bin, bewogen mich, mit einem Mann zu brechen, der meine Gedanken und Bestrebungen kompromittieren wollte. Solches hartnäckige Ablehnen ist aber nicht ganz in meiner Art, und ich wäre vielleicht nachgiebig genug gewesen, mit Börne wieder zu sprechen und Umgang zu pflegen ... zumal, da sehr liebe Personen mich mit vielen Bitten angingen und die gemeinschaftlichen Freunde oft in Verlegenheit gerieten bei Einladungen, deren ich keine annahm, wenn ich nicht vorher die Zusicherung erhielt, daß Herr Börne nicht geladen sei ... noch außerdem rieten mir meine Privatinteressen, den grimmblütigen Mann durch solches strenge Zurückweisen nicht allzusehr zu reizen ... aber ein Blick auf seine Umgebung, auf seine lieben Getreuen, auf den vielköpfigen und mit den Schwänzen zusammengewachsenen Rattenkönig, dessen Seele er bildete, und der Ekel hielt mich zurück von jeder neuen Berührung mit Börne.

So vergingen mehrere Jahre, drei, vier Jahre, ich verlor den Mann auch geistig aus dem Gesicht, selbst von jenen Artikeln, die er in französischen Zeitschriften gegen mich schrieb und die im ehrlichen Deutschland so verleumderisch ausgebeutet wurden, nahm ich wenig Notiz, als ich eines späten Herbstabends die Nachricht erhielt, Börne sei gestorben.

Wie man mir sagt, soll er seinen Tod selbst verschuldet haben, durch Eigensinn, indem er sich lange weigerte, seinen Arzt, den vortrefflichen Dr. Sichel, rufen zu lassen. Dieser nicht bloß berühmte, sondern auch sehr gewissenhafte Arzt, der ihn wahrscheinlich gerettet hätte, kam zu spät, als der Kranke bereits eine terroristische Selbstkur an sich vorgenommen und seinen ganzen Körper ruiniert hatte.

Börne hatte früher etwas Medizin studiert und wußte von dieser Wissenschaft grade soviel, als man eben braucht, um zu töten. In der Politik, womit er sich später abgab, waren seine Kenntnisse wahrlich nicht viel bedeutender.

Ich habe seinem Begräbnisse nicht beigewohnt, was unsere hiesigen Korrespondenzler nicht ermangelten, nach Deutschland zu berichten, und was zu bösen Auslegungen Gelegenheit gab. Nichts ist aber törichter, als in jenem Umstande, der rein zufällig sein konnte, eine feindselige Härte zu erblicken. Die Toren, sie wissen nicht, daß es kein angenehmeres Geschäft gibt, als dem Leichenbegängnisse eines Feindes zu folgen!

Ich war nie Börnes Freund, und ich war auch nie sein Feind. Der Unmut, den er manchmal in mir erregen konnte, war nie bedeutend, und er büßte dafür hinlänglich durch das kalte Schweigen, das ich allen seinen Verketzerungen und Nücken entgegensetzte. Ich habe, während er lebte, auch keine Zeile gegen ihn geschrieben, ich gedachte seiner nie, ich ignorierte ihn komplett, und das ärgerte ihn über alle Maßen.

Wenn ich jetzt von ihm rede, geschieht es wahrlich weder aus Enthusiasmus noch aus Mißtrauen; ich bin mir wenigstens der kältesten Unparteilichkeit bewußt. Ich schreibe hier weder eine Apologie noch eine Kritik, und indem ich nur von der eignen Anschauung ausgehe bei der Schilderung des Mannes, dürfte das Standbild, das ich von ihm liefere, vielleicht als ein ikonisches zu betrachten sein. Und es gebührt ihm ein solches Standbild, ihm, dem großen Ringer, der in der Arena unserer politischen Spiele so mutig rang und, wo nicht den Lorbeer, doch gewiß den Kranz von Eichenlaub ersiegte.

Wir geben sein Standbild mit seinen wahren Zügen, ohne Idealisierung, je ähnlicher, desto ehrender für sein Andenken. Er war ja weder ein Genie noch ein Heros; er war kein Gott des Olymps. Er war ein Mensch, ein Bürger der Erde, er war ein guter Schriftsteller und ein großer Patriot.

Indem ich Ludwig Börne einen guten Schriftsteller genannt und ihm nur das schlichte Beiwort »gut« zuerkenne, möchte ich seinen ästhetischen Wert weder vergrößern noch verkleinern. Ich gebe überhaupt hier, wie ich bereits erwähnt, keine Kritik, ebensowenig wie eine Apologie seiner Schriften; nur mein unmaßgebliches Dafürhalten darf in diesen Blättern seine Stelle finden. Ich suche dieses Privaturteil so kurz als möglich abzufassen; daher nur wenige Worte über Börne in rein literarischer Beziehung.

Soll ich in der Literatur einen verwandten Charakter aufsuchen, so böte sich zuerst Gotthold Ephraim Lessing, mit welchem Börne sehr oft verglichen worden. Aber diese Verwandtschaft beruht nur auf der inneren Tüchtigkeit, dem edlen Willen, der patriotischen Passion und dem Enthusiasmus für Humanität. Auch die Verstandesrichtung war in beiden dieselbe. Hier aber hört der Vergleich auf. Lessing war groß durch jenen offenen Sinn für Kunst und philosophische Spekulation, welcher dem armen Börne gänzlich abging. Es gibt in der ausländischen Literatur zwei Männer, die mit ihm eine weit größere Ähnlichkeit haben: diese Männer sind William Hazlitt und Paul Courier. Beide sind vielleicht die nächsten literarischen Verwandte Börnes, nur daß Hazlitt ihn ebenfalls an Kunstsinn überflügelt und Courier sich keinesweges zum Börneschen Humor erheben kann. Ein gewisser Esprit ist allen dreien gemeinsam, obgleich er bei jedem eine verschiedene Färbung trägt: er ist trübsinnig bei Hazlitt, dem Briten, wo er wie Sonnenstrahlen aus dicken englischen Nebelwolken hervorblitzt; er ist fast mutwillig heiter bei dem Franzosen Courier, wo er wie der junge Wein der Touraine im Kelter braust und sprudelt und manchmal übermütig emporzischt; bei Börne, dem Deutschen, ist er beides, trübsinnig und heiter, wie der säuerlich ernste Rheinwein und das närrische Mondlicht der deutschen Heimat ... Sein Esprit wird manchmal zum Humor.

Dieses ist nicht so sehr in den früheren Schriften Börnes als vielmehr in seinen »Pariser Briefen« der Fall. Zeit, Ort und Stoff haben hier den Humor nicht bloß begünstigt, sondern ganz eigentlich hervorgebracht. Ich will damit sagen, den Humor in den »Pariser Briefen« verdanken wir weit mehr den Zeitumständen als dem Talent ihres Verfassers. Die Juliusrevolution, dieses politische Erdbeben, hatte dergestalt in allen Sphären des Lebens die Verhältnisse auseinandergesprengt und so buntscheckig die verschiedenartigsten Erscheinungen zusammengeschmissen, daß der Pariser Revolutionskorrespondent nur treu zu berichten brauchte, was er sah und hörte, und er erreichte von selbst die höchsten Effekte des Humors. Wie die Leidenschaft manchmal die Poesie ersetzt und z.B. die Liebe oder die Todesangst in begeisterte Worte ausbricht, die der wahre Dichter nicht besser und schöner zu erfinden weiß, so ersetzen die Zeitumstände manchmal den angebornen Humor, und ein ganz prosaisch begabter, sinnreicher Autor liefert wahrhaft humoristische Werke, indem sein Geist die spaßhaften und kummervollen, schmutzigen und heiligen, grandiosen und winzigen Kombinationen einer umgestülpten Weltordnung treu abspiegelt. Ist der Geist eines solchen Autors noch obendrein selbst in bewegtem Zustand, ist dieser Spiegel verschoben oder grell gefärbt von eigner Leidenschaft, dann werden tolle Bilder zum Vorschein kommen, die selbst alle Geburten des humoristischen Genius überbieten ... Hier ist das Gitter, welches den Humor vom Irrenhause trennt ... Nicht selten, in den Börneschen Briefen, zeigen sich Spuren eines wirklichen Wahnsinns, und Gefühle und Gedanken grinsen uns entgegen, die man in die Zwangsjacke stecken müßte, denen man die Douche geben sollte ...

In stilistischer Hinsicht sind die »Pariser Briefe« weit schätzbarer als die früheren Schriften Börnes, worin die kurzen Sätze, der kleine

Hundetrab, eine unerträgliche Monotonie hervorbringen und eine fast kindische Unbeholfenheit verraten. Diese kurzen Sätze verlieren sich immer mehr und mehr in den »Pariser Briefen«, wo die entzügelte Leidenschaft notgedrungen in weitere, vollere Rhythmen überströmt und kolossale, gewitterschwangere Perioden dahinrollen, deren Bau schön und vollendet ist, wie durch die höchste Kunst.

Die »Pariser Briefe« können in Beziehung auf Börnes Stil dennoch nur als eine Übergangsstufe betrachtet werden, wenn man sie mit seiner letzten Schrift »Menzel der Franzosenfresser« vergleicht. Hier erreicht sein Stil die höchste Ausbildung, und wie in den Worten, so auch in den Gedanken herrscht hier eine Harmonie, die von schmerzlicher, aber erhabener Beruhigung Kunde gibt. Diese Schrift ist ein klarer See, worin der Himmel mit allen Sternen sich spiegelt, und Börnes Geist taucht hier auf und unter, wie ein schöner Schwan, die Schmähungen, womit der Pöbel sein reines Gefieder besudelte, ruhig von sich abspülend. Auch hat man diese Schrift mit Recht Börnes Schwanengesang genannt. Sie ist in Deutschland wenig bekannt worden, und Betrachtungen über ihren Inhalt wären hier gewiß an ihrem Platze. Aber da sie direkt gegen Wolfgang Menzel gerichtet ist und ich bei dieser Gelegenheit denselben wieder ausführlich besprechen müßte, so will ich lieber schweigen. Nur eine Bemerkung kann ich hier nicht unterdrücken, und sie ist glücklicherweise von der Art, daß sie vielmehr von persönlichen Bitternissen ableitet und dem Hader, worin sowohl Börne als die sogenannten Mitglieder des sogenannten Jungen Deutschlands mit Menzeln gerieten, eine generelle Bedeutung zuschreibt, wo Wert oder Unwert der Individuen nicht mehr zur Sprache kommt. Vielleicht sogar liefere ich dadurch eine Justifikation des Menzelschen Betragens und seiner scheinbaren Abtrünnigkeit.

Ja, er wurde nur scheinbar abtrünnig ... nur scheinbar ... denn er hat der Partei der Revolution niemals mit dem Gemüte und mit dem Gedanken angehört. Wolfgang Menzel war einer jener Teutomanen, jener Teutschtümler, die, nach der Sonnenhitze der Juliusrevolution, gezwungen wurden, ihre altdeutschen Röcke und Redensarten auszuziehen und sich geistig wie körperlich in das moderne Gewand zu kleiden, das nach französischem Maße zugeschnitten. Wie ich bereits zu Anfang dieses Buches gezeigt, viele von diesen Teutomanen, um an der allgemeinen Bewegung und den Triumphen des Zeitgeistes teilzunehmen, drängten sich in unsere Reihen, in die Reihen der

Kämpfer für die Prinzipien der Revolution, und ich zweifle nicht, daß sie mutig mitgefochten hätten in der gemeinsamen Gefahr. Ich fürchtete keine Untreue von ihnen während der Schlacht, aber nach dem Siege; ihre alte Natur, die zurückgedrängte Teutschtümelei, wäre wieder hervorgebrochen, sie hätten bald die rohe Masse mit den dunkeln Beschwörungsliedern des Mittelalters gegen uns aufgewiegelt, und diese Beschwörungslieder, ein Gemisch von uraltem Aberglauben und dämonischer Erdkräfte, wären stärker gewesen als alle Argumente der Vernunft …

Menzel war der erste, der, als die Luft kühler wurde, die altdeutschen Rockgedanken wieder vom Nagel herabnahm und mit Lust wieder in die alten Ideenkreise zurückturnte. Wahrlich, bei dieser Umwendung fiel es mir wie ein Stein vom Herzen, denn in seiner wahren Gestalt war Wolfgang Menzel weit minder gefährlich als in seiner liberalen Vermummung; ich hätte ihm um den Hals fallen mögen und ihn küssen, als er wieder gegen die Franzosen eiferte und auf Juden schimpfte und wieder für Gott und Vaterland, für das Christentum und deutsche Eichen, in die Schranken trat und erschrecklich bramarbasierte! Ich gestehe es, wie wenig Furcht er mir in dieser Gestalt einflößte, so sehr ängstigte er mich einige Jahre früher, als er plötzlich für die Juliusrevolution und die Franzosen in schwärmerische Begeisterung geriet, als er für die Rechte der Juden seine pathetischen, großherzigen, lafayettischen Emanzipationsreden hielt, als er Ansichten über Welt- und Menschenschicksal losließ, worin eine Gottlosigkeit grinste, wie dergleichen kaum bei den entschlossensten Materialisten gefunden wird, Ansichten, die kaum jener Tiere würdig, die sich nähren mit der Frucht der deutschen Eiche. Damals war er gefährlich, damals, ich gestehe es, zitterte ich vor Wolfgang Menzeln!

Börne, in seiner Kurzsichtigkeit, hatte die wahre Natur des letztern nie erkannt, und da man gegen Renegaten, gegen umgewandelte Gesinnungsgenossen weit mehr Unwillen empfindet als gegen alte Feinde, so loderte sein Zorn am grimmigsten gegen Menzeln. – Was mich anbelangt, der ich fast zu gleicher Zeit eine Schrift gegen Menzeln herausgab, so waren ganz andere Motive im Spiel. Der Mann hatte mich nie beleidigt, selbst seine roheste Verlästerung hat keine verletzbare Stelle in meinem Gemüte getroffen. Wer meine Schrift gelesen, wird übrigens daraus ersehen haben, daß hier das Wort weniger verwunden als reizen sollte und alles dahin zielte, den Ritter des

Deutschtums auf ein ganz anderes als ein literarisches Schlachtfeld herauszufordern. Menzel hat meiner loyalen Absicht kein Genüge geleistet. Es ist nicht meine Schuld, wenn das Publikum daraus allerlei verdrießliche Folgerungen zog ... Ich hatte ihm aufs großmütigste die Gelegenheit geboten, sich durch einen einzigen Akt der Mannhaftigkeit in der öffentlichen Meinung zu rehabilitieren ... Ich setzte Blut und Leben aufs Spiel ... Er hat's nicht gewollt.

Armer Menzel! ich habe wahrlich keinen Groll gegen dich! Du warst nicht der Schlimmste. Die anderen sind weit perfider, sie verharren länger in der liberalen Vermummung oder lassen die Maske nicht ganz fallen ... Ich meine hier zunächst einige schwäbische Kammersänger der Freiheit, deren liberale Triller immer leiser und leiser verklingen und die bald wieder mit der alten Bierstimme die Weisen von Anno 13 und 14 anstimmen werden ... Gott erhalte euch fürs Vaterland! Wenn ihr, um die Fetzen eurer Popularität zu retten, den Menzel, euren vertrautesten Gesinnungsgenossen, sakrifiziert habt, so war das eine sehr verächtliche Handlung.

Und dann muß man bei Menzeln anerkennen, daß er mit bestimmter Mannesunterschrift seine Schmähungen vertrat; er war kein anonymer Skribler und brachte immer die eigne Haut zu Markt. Nach jedem Schimpfwort, womit er uns bespritzte, hielt er fast gutmütig still, um die verdiente Züchtigung zu empfangen. Auch hat's ihm an geschriebenen Schlägen nicht gefehlt, und sein literarischer Rücken ist schwarz gestreift, wie eines Zebras. Armer Menzel! Er zahlte für manchen anderen, dessen man nicht habhaft werden konnte, für die anonymen und pseudonymen Buschklepper, die aus den dunkelsten Schlupfwinkeln der Tagespresse ihre feigen Pfeile abschießen ... Wie willst du sie züchtigen? Sie haben keinen Namen, den du brandmarken könntest, und gelänge es dir sogar, von einem zitternden Zeitungsredakteur die paar leere Buchstaben zu erpressen, die ihnen als Namen dienen, so bist du dadurch noch nicht sonderlich gefördert ... Du findest alsdann, daß der Verfasser des insolentesten Schmähartikels kein anderer war als jener klägliche Drohbettler, der mit all seiner untertänigen Zudringlichkeit auch keinen Sou von dir erpressen konnte ... Oder, was noch bitterer ist, du erfährst, daß im Gegenteil ein Lumpazius, der dich um zweihundert Francs geprellt, dem du einen Rock geschenkt hast, um seine Blöße zu bedecken, dem du aber keine schriftliche Zeile geben wolltest, womit er sich in Deutschland als deinen Freund und großen

Mitdichter herumpräsentieren konnte, daß ein solcher Lumpazius es war, der deinen guten Leumund in der Heimat begeiferte ... Ach, dieses Gesindel ist kapabel, mit vollem Namen gegen dich aufzutreten, und dann bist du erst recht in Verlegenheit! Antwortest du, so verleihst du ihnen eine lebenslängliche Wichtigkeit, die sie auszubeuten wissen, und sie finden eine Ehre darin, daß du sie mit demselben Stocke schlugest, womit ja schon die berühmtesten Männer geschlagen worden ... Freilich, das beste wäre, sie bekämen ihre Prügel ganz unfigürlich, mit keinem geistigen, sondern mit einem wirklich materiellen Stocke, wie einst ihr Ahnherr Thersites ...

Ja, es war ein lehrreiches Beispiel, das du uns gabest, edler Sohn des Laertes, königlicher Dulder Odysseus! Du, der Meister des Wortes, der in der Kunst des Sprechens alle Sterblichen übertrafest! jedem wußtest du Rede zu stehen, und du sprachest ebenso gern wie siegreich: nur an einen klebrichten Thersites wolltest du kein Wort verlieren, einen solchen Wicht hieltest du keiner Gegenrede wert, und als er dich schmähte, hast du ihn schweigend geprügelt ...

Wenn mein Vetter in Lüneburg dies liest, erinnert er sich vielleicht unserer dortigen Spaziergänge, wo ich jedem Betteljungen, der uns ansprach, immer einen Groschen gab, mit der ernstlichen Vermahnung: »Lieber Bursche, wenn du dich etwa später auf Literatur legen und Kritiken für die Brockhausischen Literaturblätter schreiben solltest, so reiß mich nicht herunter!« Mein Vetter lachte damals, und ich selber wußte noch nicht, daß der »Groschen, den meine Mutter einer Bettlerin verweigerte«, auch in der Literatur so fatalistisch wirken konnte!

Ich habe oben der Brockhausischen Literaturblätter erwähnt. Diese sind die Höhlen, wo die unglücklichsten aller deutschen Skribler schmachten und ächzen; die hier hinabsteigen, verlieren ihren Namen und bekommen eine Nummer, wie die verurteilten Polen in den russischen Bergwerken, in den Bleiminen von Nowgorod: hier müssen sie, wie diese, die entsetzlichsten Arbeiten verrichten, z.B. Herrn von Raumer als großen Geschichtschreiber loben oder Ludwig Tieck als Gelehrten anpreisen und als Mann von Charakter usw. ... Die meisten sterben davon und werden namenlos verscharrt als tote Nummer. Viele unter diesen Unglücklichen, vielleicht die meisten, sind ehemalige Teutomanen, und wenn sie auch keine altdeutschen Röcke mehr tragen, so tragen sie doch altdeutsche Unterhosen; – sie unterscheiden sich von den schwäbischen Gesinnungsgenossen durch einen gewissen märkischen Akzent und durch ein weit windigeres Wesen. Die Volkstümelei war von jeher in Norddeutschland mehr Affektation, wo nicht gar einstudierte Lüge, namentlich in Preußen, wo sogar die Championen der Nationalität ihren slawischen Ursprung vergebens zu verleugnen suchten. Da lob ich mir meine Schwaben, die meinen es wenigstens ehrlicher und dürfen mit größerem Rechte auf germanische Rassenreinheit pochen. Ihr jetziges Hauptorgan, die Cottasche Dreimonatsrevue, ist beseelt von diesem Stolz, und ihr Redakteur, der Diplomat Kölle (ein geistreicher Mann, aber der größte Schwätzer dieser Erde, und der gewiß nie ein Staatsgeheimnis verschwiegen hat!), der Redakteur jener Revue ist der eingefleischteste Rassenmäkler, und sein drittes Wort ist immer germanische, romanische und semitische Rasse ... Sein größter Schmerz ist, daß der Champion des Germanentums, sein Liebling, Wolfgang Menzel, alle Kennzeichen der mongolischen Abstammung im Gesichte trägt.

Ich finde es für nötig, hier zu bemerken, daß ich den langweilig breiten Schmähartikel, den jüngst die erwähnte Dreimonatsschrift gegen mich auskramte, keineswegs der bloßen Teutomanie, nicht einmal einem persönlichen Grolle, beimesse. Ich war lange der Meinung, als ob der Verfasser, ein gewisser G. Pf., durch jenen Artikel seinen Freund Menzel rächen wolle. Aber ich muß der Wahrheit gemäß meinen Irrtum bekennen. Ich ward seitdem verschiedenseitig eines Besseren unterrichtet.

»Die Freundschaft zwischen dem Menzel und dem erwähnten G. Pf.«, sagte mir unlängst ein ehrlicher Schwabe, »besteht nur darin, daß letzterer dem Menzel, der kein Französisch versteht, mit seiner Kenntnis dieser Sprache aushilft. Und was den Angriff gegen Sie betrifft, so ist das gar nicht so böse gemeint; der G. Pf. war früher der größte Enthusiast für Ihre Schriften, und wenn er jetzt so glühend gegen die Immoralität derselben eifert, so geschieht das, um sich das Ansehen von strenger Tugend zu geben und sich gegen den Verdacht der sokratischen Liebe, der auf ihm lastete, etwas zu decken.«

Ich würde den Ausdruck »sokratische Liebe« gern umschrieben haben, aber es sind die eigenen Worte des Dr. D.....r, der mir diese harmlose Konfidenz machte. Dr. D.....r, der gewiß nichts dagegen hätte, wenn ich seinen ganzen Namen mitteilte, ist ein Mann von ausgezeichnetem Geist und von einer Wahrheitsliebe, die sich in seinem ganzen Wesen ausspricht. Da er sich in diesem Augenblick zu London befindet, konnte ich ohne vorläufige Anfrage seinen Namen nicht ganz ausschreiben; er steht aber zu Dienst sowie auch der ganze Name eines der achtungswertesten Pariser Gelehrten, des Pr. D.....g, in dessen Gegenwart mir dieselbe Mitteilung wiederholt ward. – Für das Publikum aber ist es nützlich zu erfahren, welche Motive sich zuweilen unter dem bekannten »sittlich-religiös-patriotischen Bettlermantel« verbergen.

Ich habe mich nur scheinbar von meinem Gegenstande entfernt. Manche Angriffe gegen den seligen Börne finden durch obige Winke ihre teilweise Erklärung. Dasselbe ist der Fall in Beziehung auf sein Buch »Menzel der Franzosenfresser«. Diese Schrift ist eine Verteidigung des Kosmopolitismus gegen den Nationalismus; aber in dieser Verteidigung sieht man, wie der Kosmopolitismus Börnes nur in seinem Kopfe saß, statt daß der Patriotismus tief in seinem Herzen wurzelte, während bei seinem Gegner der Patriotismus nur im Kopfe spukte und die kühlste Indifferenz im Herzen gähnte ... Die listigen Worte, womit Menzel sein Deutschtum wie ein Hausierjude seinen Plunder anpreist, seine alten Tiraden von Hermann dem Cherusker, dem Korsen, dem gesunden Pflanzenschlaf, Martin Luther, Blücher, der Schlacht bei Leipzig, womit er den Stolz des deutschen Volkes kitzeln will, alle diese abgelebten Redensarten weiß Börne so zu beleuchten, daß ihre lächerliche Nichtigkeit aufs ergötzlichste veranschaulicht wird; und dabei brechen aus seinem eigenen Herzen die rührendsten Naturlaute der Vaterlandsliebe, wie verschämte Geständnisse, die man in der letzten Stunde des Lebens nicht mehr zurückhalten kann, die wir mehr hervorschluchzen als aussprechen ... Der Tod steht daneben und nickt, als unabweisbarer Zeuge der Wahrheit!

Ja, er war nicht bloß ein guter Schriftsteller, sondern auch ein großer Patriot.

In Beziehung auf Börnes schriftstellerischen Wert muß ich hier auch seine Übersetzung der »Paroles d'un croyant« erwähnen, die er ebenfalls in seinem letzten Lebensjahre angefertigt und die als ein Meisterstück des Stils zu betrachten ist. Daß er eben dieses Buch übersetzte, daß er sich überhaupt in die Ideenkreise Lamennais' verlocken ließ, will ich jedoch nicht rühmen. Der Einfluß, den dieser Priester auf ihn ausübte, zeigte sich nicht bloß in der erwähnten Übersetzung der »Paroles d'un croyant«, sondern auch in verschiedenen französischen Aufsätzen, die Börne damals für den »Réformateur« und die »Balance« schrieb, in jenen merkwürdigen Urkunden seines Geistes, wo sich ein Verzagen, ein Verzweifeln an protestantischer Vernunftautorität gar bedenklich offenbart und das erkrankte Gemüt in katholische Anschauungen hinüberschmachtet ...

Es war vielleicht ein Glück für Börne, daß er starb ... Wenn nicht der Tod ihn rettete, vielleicht sähen wir ihn heute römisch-katholisch blamiert.

Wie ist das möglich? Börne wäre am Ende katholisch geworden? Er hätte in den Schoß der römischen Kirche sich geflüchtet und das leidende Haupt durch Orgelton und Glockenklang zu betäuben gesucht? Nun ja, er war auf dem Wege, dasselbe zu tun, was so manche ehrliche Leute schon getan, als der Ärger ihnen ins Hirn stieg und die Vernunft zu fliehen zwang und die arme Vernunft ihnen beim Abschied nur noch den Rat gab: Wenn ihr doch verrückt sein wollt, so werdet katholisch, und man wird euch wenigstens nicht einsperren, wie andere Monomanen.

»Aus Ärger katholisch werden« – so lautet ein deutsches Sprichwort, dessen verflucht tiefe Bedeutung mir jetzt erst klar wird. – Ist doch der Katholizismus die schauerlich reizendste Blüte jener Doktrin der Verzweiflung, deren schnelle Verbreitung über die Erde nicht mehr als ein großes Wunder erscheint, wenn man bedenkt, in welchem grauenhaft peinlichen Zustand die ganze römische Welt schmachtete ... Wie der einzelne sich trostlos die Adern öffnete und im Tode ein Asyl suchte gegen die Tyrannei der Cäsaren, so stürzte sich die große Menge in die Asketik, in die Abtötungslehre, in die Martyrsucht, in den ganzen Selbstmord der nazarenischen Religion, um auf einmal die damalige Lebensqual von sich zu werfen und den Folterknechten des herrschenden Materialismus zu trotzen ...

Für Menschen, denen die Erde nichts mehr bietet, ward der Himmel erfunden ... Heil dieser Erfindung! Heil einer Religion, die dem leidenden Menschengeschlecht in den bittern Kelch einige süße, einschläfernde Tropfen goß, geistiges Opium, einige Tropfen Liebe, Hoffnung und Glauben!

Ludwig Börne war, wie ich bereits in der ersten Abteilung erwähnte, seiner Natur nach ein geborner Christ, und diese spiritualistische Richtung mußte in den Katholizismus überschnappen, als die verzweifelnden Republikaner, nach den schmerzlichsten Niederlagen, sich mit der katholischen Partei verbanden. – Wieweit ist es Ernst mit dieser Verbündung? Ich kann's nicht sagen. Manche Republikaner mögen wirklich aus Ärger katholisch geworden sein. Die meisten jedoch verabscheuen im Herzen ihre neuen Alliierten, und es wird Komödie gespielt von beiden Seiten. Es gilt nur den gemeinschaftlichen Feind zu bekämpfen, und in der Tat, die Verbindung der beiden Fanatismen, des religiösen und des politischen, ist bedrohlich im höchsten Grade. Zuweilen aber geschieht es, daß die Menschen sich in ihrer Rolle verlieren und aus dem listigen Spiel ein plumper Ernst wird; und so mag wohl mancher Republikaner so lange mit den katholischen Symbolen geliebäugelt haben, bis er zuletzt daran wirklich glaubte; und mancher schlaue Pfaffe mag so lange die Marseillaise gesungen haben, bis sie sein Lieblingslied ward und er nicht mehr Messe lesen kann, ohne in die Melodie dieses Schlachtgesanges zu verfallen.

Wir armen Deutschen, die wir leider keinen Spaß verstehen, wir haben das Fraternisieren des Republikanismus und des Katholizismus für baren Ernst genommen, und dieser Irrtum kann uns einst sehr teuer zu stehen kommen. Arme deutsche Republikaner, die ihr Satan bannen wollt durch Beelzebub, ihr werdet, wenn euch solcher Exorzismus gelänge, erst recht aus dem Feuerregen in die Flammentraufe geraten! Wie gar manche deutsche Patrioten, um protestantische Regierungen zu befehden, mit der katholischen Partei gemeinschaftliche Sache treiben, kann ich nicht begreifen. Man wird mir, dem die Preußen bekanntlich soviel Herzleid bereiteten, man wird mir schwerlich eine blinde Sympathie für Borussia zuschreiben: ich darf daher freimütig gestehen, daß ich in dem Kampfe Preußens mit der katholischen Partei nur ersterem den Sieg wünsche ... Denn eine Niederlage würde hier notwendig zur Folge haben, daß einige deutsche Provinzen, die Rheinlande, für Deutschland verlorengingen. – Was kümmert es aber die frommen Leute in München, ob man am Rhein deutsch oder französisch spricht; für sie ist es hinreichend, daß man dort lateinisch die Messe singt. Pfaffen haben kein Vaterland, sie haben nur einen Vater, einen Papa, in Rom.

Daß aber der Abfall der Rheinlande, ihr Heimfall an das romanische Frankreich, eine ausgemachte Sache ist zwischen den Helden der katholischen Partei und ihren französischen Verbündeten, wird männiglich bekannt sein. Zu diesen Verbündeten gehört seit einiger Zeit auch ein gewisser ehemaliger Jakobiner, der jetzt eine Krone trägt und mit gewissen gekrönten Jesuiten in Deutschland unterhandelt ... Frommer Schacher! scheinheiliger Verrat am Vaterland!

Es versteht sich von selbst, daß unser armer Börne, der sich nicht bloß von den Schriften, sondern auch von der Persönlichkeit Lamennais' ködern ließ und an den Umtrieben der römischen Freiwerber unbewußt teilnahm, es versteht sich von selbst, daß unser armer Börne nimmermehr die Gefahren ahnte, die durch die Verbündung der katholischen und republikanischen Partei unser Deutschland bedrohen. Er hatte hiervon auch nicht die mindeste Ahnung, er, dem die Integrität Deutschlands, ebensosehr wie dem Schreiber dieser Blätter, immer am Herzen lag. Ich muß ihm in dieser Beziehung das glänzendste Zeugnis erteilen. »Auch keinen deutschen Nachttopf würde ich an Frankreich abtreten«, rief er einst im Eifer des Gesprächs, als jemand bemerkte, daß Frankreich, der natürliche Repräsentant der Revolution, durch den Wiederbesitz der Rheinlande gestärkt werden müsse, um dem aristokratisch absolutistischen Europa desto sicherer widerstehen zu können.

»Keinen Nachttopf tret ich ab«, rief Börne, im Zimmer auf und ab stampfend, ganz zornig.

»Es versteht sich«, bemerkte ein Dritter, »wir treten den Franzosen keinen Fußbreit Land vom deutschen Boden ab; aber wir sollten ihnen einige deutsche Landsleute abtreten, deren wir allenfalls entbehren können. Was dächten Sie, wenn wir den Franzosen z.B. den Raumer und den Rotteck abträten?«

»Nein, nein«, rief Börne, aus dem höchsten Zorn in Lachen übergehend, »auch nicht einmal den Raumer oder den Rotteck trete ich ab, die Kollektion wäre nicht mehr komplett, ich will Deutschland ganz behalten, wie es ist, mit seinen Blumen und seinen Disteln, mit seinen Riesen und seinen Zwergen ... nein, auch die beiden Nachttöpfe trete ich nicht ab!«

Ja, dieser Börne war ein großer Patriot, vielleicht der größte, der aus Germanias stiefmütterlichen Brüsten das glühendste Leben und den bittersten Tod gesogen! In der Seele dieses Mannes jauchzte und blutete eine rührende Vaterlandsliebe, die, ihrer Natur nach verschämt, wie jede Liebe, sich gern unter knurrenden Scheltworten und nergelndem Murrsinn versteckte, aber in unbewachter Stunde desto gewaltsamer hervorbrach. Wenn Deutschland allerlei Verkehrtheiten beging, die böse Folgen haben konnten, wenn es den Mut nicht hatte, eine heilsame Medizin einzunehmen, sich den Star stechen zu lassen oder sonst eine kleine Operation auszuhalten, dann tobte und schimpfte

Ludwig Börne und stampfte und wetterte; – wenn aber das vorausgesehene Unglück wirklich eintrat, wenn man Deutschland mit Füßen trat oder so lange peitschte, bis Blut floß, dann schmollte Börne nicht länger, und er fing an zu flennen, der arme Narr, der er war, und schluchzend behauptete er alsdann, Deutschland sei das beste Land der Welt und das schönste Land, und die Deutschen seien das schönste und edelste Volk, eine wahre Perle von Volk, und nirgends sei man klüger als in Deutschland, und sogar die Narren seien dort gescheut, und die Flegelei sei eigentlich Gemüt, und er sehnte sich ordentlich nach den geliebten Rippenstößen der Heimat, und er hatte manchmal ein Gelüste nach einer recht saftigen deutschen Dummheit, wie eine schwangere Frau nach einer Birne. Auch wurde für ihn die Entfernung vom Vaterlande eine wahre Marter, und manches böse Wort in seinen Schriften hat diese Qual hervorgepreßt. Wer das Exil nicht kennt, begreift nicht, wie grell es unsere Schmerzen färbt und wie es Nacht und Gift in unsere Gedanken gießt. Dante schrieb seine »Hölle« im Exil. Nur wer im Exil gelebt hat, weiß auch, was Vaterlandsliebe ist, Vaterlandsliebe mit all ihren süßen Schrecken und sehnsüchtigen Kümmernissen! Zum Glück für unsere Patrioten, die in Frankreich leben müssen, bietet dieses Land so viele Ähnlichkeit mit Deutschland; fast dasselbe Klima, dieselbe Vegetation, dieselbe Lebensweise. »Wie furchtbar muß das Exil sein, wo diese Ähnlichkeit fehlt« – bemerkte mir einst Börne, als wir im Jardin des Plantes spazierengingen –, »wie schrecklich, wenn man um sich her nur Palmen und tropische Gewächse sähe und ganz wildfremde Tierarten, wie Känguruhs und Zebras ... Zu unserem Glücke sind die Blumen in Frankreich ganz so wie bei uns zu Hause, die Veilchen und Rosen sehen ganz wie deutsche aus, und die Ochsen und Kühe und die Esel sind geduldig und nicht gestreift, ganz wie bei uns, und die Vögel sind gefiedert und singen in Frankreich ganz so wie in Deutschland, und wenn ich gar hier in Paris die Hunde herumlaufen sehe, kann ich mich ganz wieder über den Rhein zurückdenken, und mein Herz ruft mir zu: Das sind ja unsere deutschen Hunde!«

Ein gewisser Blödsinn hat lange Zeit in Börnes Schriften jene Vaterlandsliebe ganz verkannt. Über diesen Blödsinn konnte er sehr mitleidig die Achseln zucken, und über die keuchenden alten Weiber, welche Holz zu seinem Scheiterhaufen herbeischleppten, konnte er mit Seelenruhe ein »Sancta simplicitas!« ausrufen. Aber wenn jesuitische Böswilligkeit seinen Patriotismus zu verdächtigen suchte, geriet er in einen vernichtenden Grimm. Seine Entrüstung kennt alsdann keine Rücksicht mehr, und wie ein beleidigter Titane schleudert er die tödlichsten Quadersteine auf die züngelnden Schlangen, die zu seinen Füßen kriechen. Hier ist er in seinem vollen Rechte, hier lodert am edelsten sein Manneszorn. Wie merkwürdig ist folgende Stelle in den »Pariser Briefen«, die gegen Jarcke gerichtet ist, der sich unter den Gegnern Börnes durch zwei Eigenschaften, nämlich Geist und Anstand, einigermaßen auszeichnet:

»Dieser Jarcke ist ein merkwürdiger Mensch. Man hat ihn von Berlin nach Wien berufen, wo er die halbe Besoldung von Gentz bekömmt. Aber er verdiente nicht deren hundertsten Teil, oder er verdiente eine hundertmal größere – es kömmt nur darauf an, was man dem Gentz bezahlen wollte, das Gute oder Schlechte an ihm. Diesen katholisch und toll gewordenen Jarcke liebe ich ungemein, denn er dient mir, wie gewiß auch vielen andern, zum nützlichen Spiele und zum angenehmen Zeitvertreibe. Er gibt seit einem Jahre ein ›Politisches Wochenblatt‹ heraus. Das ist eine unterhaltende Camera obscura; darin gehen alle Neigungen und Abneigungen, Wünsche und Verwünschungen, Hoffnungen und Befürchtungen, Freuden und Leiden, Ängste und Tollkühnheiten und alle Zwecke und Mittelchen der Monarchisten und Aristokraten mit ihren Schatten hintereinander vorüber. Der gefällige Jarcke! Er verrät alles, er warnt alle. Die verborgensten Geheimnisse der großen Welt schreibt er auf die Wand meines kleinen Zimmers. Ich erfahre von ihm und erzähle jetzt Ihnen, was sie mit uns vorhaben. Sie wollen nicht allein die Früchte und Blüten und Blätter und Zweige und Stämme der Revolution zerstören, sondern auch ihre Wurzeln, ihre tiefsten, ausgebreitetsten, festesten Wurzeln, und bliebe die halbe Erde daran hängen. Der Hofgärtner Jarcke geht mit Messer und Schaufel und Beil umher, von einem Felde, von einem Lande in das andere, von einem Volke zum andern. Nachdem er alle Revolutionswurzeln ausgerottet und verbrannt, nachdem er die Gegenwart zerstört hat, geht er zur Vergangenheit zurück. Nachdem er der Revolution den Kopf abgeschlagen und die unglückliche Delinquentin ausgelitten hat, verbietet er ihrer längst verstorbenen, längst verwesten Großmutter das Heiraten; er macht die Vergangenheit zur Tochter der Gegenwart. Ist das nicht toll? Diesen Sommer eiferte er gegen das Fest von Hambach. Das unschuldige Fest! Der gute Hammel! Der Wolf von Bundestag, der oben am Flusse soff, warf dem Schafe von deutschem Volke, das weiter unten trank, vor: es trübe ihm das Wasser, und er müsse es auffressen. Herr Jarcke ist Zunge des Wolfes. Dann rottet er die Revolution in Baden, Rheinbayern, Hessen, Sachsen aus; dann die englische Reformbill; dann die polnische, die belgische, die französische Juliusrevolution. Dann verteidigt er die göttlichen Rechte des Don Miguel. So geht er immer weiter zurück. Vor vier Wochen zerstörte er Lafayette, nicht den Lafayette der Juliusrevolution, sondern den Lafayette vor funfzig Jahren, der für die amerikanische und die erste französische Revolution gekämpft. Jarcke auf den Stiefeln Lafayettes herumkriechen! Es war mir, als sähe ich einen Hund an dem Fuße der größten Pyramide scharren, mit dem Gedanken, sie umzuwerfen! Immer zurück! Vor vierzehn Tagen setzte er seine Schaufel an die hundertundfünfzigjährige englische Revolution, die von 1688. Bald kömmt die Reihe an den ältern Brutus, der die Tarquinier verjagt, und so wird Herr Jarcke endlich zum lieben Gott selbst kommen, der die Unvorsichtigkeit begangen, Adam und Eva zu erschaffen, ehe er noch für einen König gesorgt hatte, wodurch sich die Menschheit in den Kopf gesetzt, sie könne auch ohne Fürsten bestehen. Herr Jarcke sollte aber nicht vergessen, daß, sobald er mit Gott fertig geworden, man ihn in Wien nicht mehr braucht. Und dann adieu Hofrat, adieu Besoldung. Er wird wohl den Verstand haben, diese eine Wurzel des Hambacher Festes stehenzulassen.

Das ist der nämliche Jarcke, von dem ich in einem früheren Briefe Ihnen etwas mitzuteilen versprochen, was er über mich geäußert. Nicht über mich allein, es betraf auch wohl andere; aber an mich gedachte er gewiß am meisten dabei. Im letzten Sommer schrieb er im ›Politischen Wochenblatte‹ einen Aufsatz: ›Deutschland und die Revolution‹. Darin kommt folgende Stelle vor. Ob die artige Bosheit oder die großartige Dummheit mehr zu bewundern sei, ist schwer zu entscheiden.

Die Stelle aus Jarckes Artikel lautet folgendermaßen:
›Übrigens ist es vollkommen richtig, daß jene Grundsätze, wie wir sie oben geschildert, niemals schaffend ins wirkliche Leben treten, daß Deutschland niemals in eine Republik nach dem Zuschnitte der heutigen Volksverführer umgewandelt, daß jene Freiheit und Gleichheit selbst durch die Gewalt des Schreckens niemals durchgesetzt werden könne; ja, es ist zweifelhaft, ob die frechsten Führer der schlechten Richtung nicht selbst bloß ein grausenhaftes Spiel mit Deutschlands

höchsten Gütern spielen, ob sie nicht selbst am besten wissen, daß dieser Weg ohne Rettung zum Verderben führt, und bloß deshalb mit kluger Berechnung das Werk der Verführung treiben, um in einem großen welthistorischen Akte Rache zu nehmen für den Druck und die Schmach, den das Volk, dem sie ihrem Ursprung nach angehören, jahrhundertelang von dem unsrigen erduldet.‹ –

Oh, Herr Jarcke, das ist zu arg! Und als Sie dieses schrieben, waren Sie noch nicht österreichischer Rat, sondern nichts weiter als das preußische Gegenteil – wie werden Sie nicht erst rasen, wenn Sie in der Wiener Staatskanzlei sitzen? Daß Sie uns die Ruchlosigkeit vorwerfen, wir wollten das deutsche Volk unglücklich machen, weil es uns selbst unglücklich gemacht – das verzeihen wir dem Kriminalisten und seiner schönen Imputationstheorie. Daß Sie uns die Klugheit zutrauen, unter dem Scheine der Liebe unsere Feinde zu verderben – dafür müssen wir uns bei dem Jesuiten bedanken, der uns dadurch zu loben glaubte. Aber daß Sie uns für so dumm halten, wir würden eine Taube in der Hand für eine Lerche auf dem Dache fliegen lassen – dafür müssen Sie uns Rede stehen, Herr Jarcke. Wie! Wenn wir das deutsche Volk haßten, würden wir mit aller unserer Kraft dafür streiten, es von der schmachvollsten Erniedrigung, in der es versunken, es von der bleiernen Tyrannei, die auf ihm lastet, es von dem Übermute seiner Aristokraten, dem Hochmute seiner Fürsten, von dem Spotte aller Hofnarren, den Verleumdungen aller gedungenen Schriftsteller befreien zu helfen, um es den kleinen, bald vorübergehenden und so ehrenvollen Gefahren der Freiheit preiszugeben? Haßten wir die Deutschen, dann schrieben wir wie Sie, Herr Jarcke. Aber bezahlen ließen wir uns nicht dafür; denn auch noch die sündevolle Rache hat etwas, das entheiligt werden kann.«

Die Verdächtigung seines Patriotismus erregte bei Börne, in der angeführten Stelle, eine Mißlaune, die der bloße Vorwurf jüdischer Abstammung niemals in ihm hervorzurufen vermochte. Es amüsierte ihn sogar, wenn die Feinde, bei der Fleckenlosigkeit seines Wandels, ihm nichts Schlimmeres nachzusagen wußten, als daß er der Sprößling eines Stammes, der einst die Welt mit seinem Ruhm erfüllte und trotz aller Herabwürdigung noch immer die uralt heilige Weihe nicht ganz eingebüßt hat. Er rühmte sich sogar oft dieses Ursprungs, freilich in seiner humoristischen Weise, und den Mirabeau parodierend, sagte er einst zu einem Franzosen: »Jésus-Christ – qui en parenthèse était mon cousin – a prêché l'égalité« usw. In der Tat, die Juden sind aus jenem Teige, woraus man Götter knetet; tritt man sie heute mit Füßen, fällt man morgen vor ihnen auf die Knie; während die einen sich im schäbigsten Kote des Schachers herumwühlen, ersteigen die anderen den höchsten Gipfel der Menschheit, und Golgatha ist nicht der einzige Berg, wo ein jüdischer Gott für das Heil der Welt geblutet. Die Juden sind das Volk des Geistes, und jedesmal, wenn sie zu ihrem Prinzipe zurückkehren, sind sie groß und herrlich und beschämen und überwinden ihre plumpen Dränger. Der tiefsinnige Rosenkranz vergleicht sie mit dem Riesen Antäus, nur daß dieser jedesmal erstarkte, wenn er die Erde berührte, jene aber, die Juden, neue Kräfte gewinnen, sobald sie wieder mit dem Himmel in Berührung kommen. Merkwürdige Erscheinung der grellsten Extreme! Während unter diesen Menschen alle möglichen Fratzenbilder der Gemeinheit gefunden werden, findet man unter ihnen auch die Ideale des reinsten Menschentums, und wie sie einst die Welt in neue Bahnen des Fortschrittes geleitet, so hat die Welt vielleicht noch weitere Initiationen von ihnen zu erwarten ...

»Die Natur«, sagte mir einst Hegel, »ist sehr wunderlich; dieselben Werkzeuge, die sie zu den erhabensten Zwecken gebraucht, benutzt sie auch zu den niedrigsten Verrichtungen, z.B. jenes Glied, welchem die höchste Mission, die Fortpflanzung der Menschheit, anvertraut ist, dient auch zum – – –«

Diejenigen, welche über die Dunkelheit Hegels klagen, werden ihn hier verstehen, und wenn er auch obige Worte nicht eben in Beziehung auf Israel aussprach, so lassen sie sich doch darauf anwenden.

Wie dem auch sei, es ist leicht möglich, daß die Sendung dieses Stammes noch nicht ganz erfüllt, und namentlich mag dieses in Beziehung auf Deutschland der Fall sein. Auch letzteres erwartet einen Befreier, einen irdischen Messias – mit einem himmlischen haben uns die Juden schon gesegnet –, einen König der Erde, einen Retter mit Zepter und Schwert, und dieser deutsche Befreier ist vielleicht derselbe, dessen auch Israel harret ...

O teurer, sehnsüchtig erwarteter Messias!

Wo ist er jetzt, wo weilt er? Ist er noch ungeboren, oder liegt er schon seit einem Jahrtausend irgendwo versteckt, erwartend die große rechte Stunde der Erlösung? Ist es der alte Barbarossa, der im Kyffhäuser schlummernd sitzt auf dem steinernen Stuhle und schon so lange schläft, daß sein weißer Bart durch den steinernen Tisch durchgewachsen? ... nur manchmal schlaftrunken schüttelt er das Haupt und blinzelt mit den halbgeschlossenen Augen, greift auch wohl träumend nach dem Schwert ... und nickt wieder ein, in den schweren Jahrtausendschlaf!

Nein, es ist nicht der Kaiser Rotbart, welcher Deutschland befreien wird, wie das Volk glaubt, das deutsche Volk, das schlummersüchtige, träumende Volk, welches sich auch seinen Messias nur in der Gestalt eines alten Schläfers denken kann!

Da machen doch die Juden sich eine weit bessere Vorstellung von ihrem Messias, und vor vielen Jahren, als ich in Polen war und mit dem großen Rabbi Manasse ben Naphtali zu Krakau verkehrte, horchte ich immer mit freudig offenem Herzen, wenn er von dem Messias sprach ... Ich weiß nicht mehr, in welchem Buche des Talmuds die Details zu lesen sind, die mir der große Rabbi ganz treu mitteilte, und überhaupt nur in den Grundzügen schwebt mir seine Beschreibung des Messias noch im Gedächtnisse. Der Messias, sagte er mir, sei an dem Tage geboren, wo Jerusalem durch den Bösewicht, Titus Vespasian, zerstört worden, und seitdem wohne er im schönsten Palaste des Himmels, umgeben von Glanz und Freude, auch eine Krone auf dem Haupte tragend, ganz wie ein König ... aber seine Hände seien gefesselt mit goldenen Ketten!

»Was«, frug ich verwundert, »was bedeuten diese goldenen Ketten?«

»Die sind notwendig« – erwiderte der große Rabbi, mit einem schlauen Blick und einem tiefen Seufzer –, »ohne diese Fessel würde der Messias, wenn er manchmal die Geduld verliert, plötzlich herabeilen und zu frühe, zur unrechten Stunde, das Erlösungswerk unternehmen. Er ist eben keine ruhige Schlafmütze. Er ist ein schöner, sehr schlanker, aber doch ungeheuer kräftiger Mann; blühend wie die Jugend. Das Leben, das er führt, ist übrigens sehr einförmig. Den größten Teil des Morgens verbringt er mit den üblichen Gebeten oder lacht und scherzt mit seinen Dienern, welche verkleidete Engel sind und hübsch singen und die Flöte blasen. Dann läßt er sein langes Haupthaar kämmen, und man salbt ihn mit Narden und bekleidet ihn mit seinem fürstlichen Purpurgewande. Den ganzen Nachmittag studiert er die Kabbala. Gegen Abend läßt er seinen alten Kanzler kommen, der ein verkleideter Engel ist, ebenso wie die vier starken Staatsräte, die ihn begleiten, verkleidete Engel sind. Aus einem großen Buche muß alsdann der Kanzler seinem Herrn vorlesen, was jeden Tag passierte ... Da kommen allerlei Geschichten vor, worüber der Messias vergnügt lächelt oder auch mißmütig den Kopf schüttelt ... Wenn er aber hört, wie man unten sein Volk mißhandelt, dann gerät er in den furchtbarsten Zorn und heult, daß die Himmel erzittern ... Die vier starken Staatsräte müssen dann den Ergrimmten zurückhalten, daß er nicht herabeile auf die Erde, und sie würden ihn wahrlich nicht bewältigen, wären seine Hände nicht gefesselt mit den goldenen Ketten ... Man beschwichtigt ihn auch mit sanften Reden, daß jetzt die Zeit noch nicht gekommen sei, die rechte Rettungsstunde, und er sinkt am Ende aufs Lager und verhüllt sein Antlitz und weint ...«

So ungefähr berichtete mir Manasse ben Naphtali zu Krakau, seine Glaubwürdigkeit mit Hinweisung auf den Talmud verbürgend. Ich habe oft an seine Erzählungen denken müssen, besonders in den jüngsten Zeiten, nach der Juliusrevolution. Ja, in schlimmen Tagen glaubt ich manchmal mit eignen Ohren ein Gerassel zu hören, wie von goldenen Ketten, und dann ein verzweifelndes Schluchzen ...

O verzage nicht, schöner Messias, der du nicht bloß Israel erlösen willst, wie die abergläubischen Juden sich einbilden, sondern die ganze leidende Menschheit! Oh, zerreißt nicht, ihr goldenen Ketten! Oh, haltet ihn noch einige Zeit gefesselt, daß er nicht zu frühe komme, der rettende König der Welt!

Fünftes Buch

»- - - Die politischen Verhältnisse jener Zeit (1799) haben eine gar betrübende Ähnlichkeit mit den neuesten Zuständen in Deutschland, nur daß damals der Freiheitssinn mehr unter Gelehrten, Dichtern und sonstigen Literaten blühete, heutigentags aber unter diesen viel minder, sondern weit mehr in der großen aktiven Masse, unter Handwerkern und Gewerbsleuten, sich ausspricht. Während zur Zeit der ersten Revolution die bleiern deutscheste Schlafsucht auf dem Volke lastete und gleichsam eine brutale Ruhe in ganz Germanien herrschte, offenbarte sich in unserer Schriftwelt das wildeste Gären und Wallen. Der einsamste Autor, der in irgendeinem abgelegenen Winkelchen Deutschlands lebte, nahm teil an dieser Bewegung; fast sympathetisch, ohne von den politischen Vorgängen genau unterrichtet zu sein, fühlte er ihre soziale Bedeutung und sprach sie aus in seinen Schriften. Dieses Phänomen mahnt mich an die großen Seemuscheln, welche wir zuweilen als Zierat auf unsere Kamine stellen und die, wenn sie auch noch so weit vom Meere entfernt sind, dennoch plötzlich zu rauschen beginnen, sobald dort die Flutzeit eintritt und die Wellen gegen die Küste heranbrechen. Als hier in Paris, in dem großen Menschenozean, die Revolution losflutete, als es hier brandete und stürmte, da rauschten und brausten jenseits des Rheins die deutschen Herzen ... Aber sie waren so isoliert, sie standen unter lauter fühllosem Porzellan, Teetassen und Kaffeekannen und chinesischen Pagoden, die mechanisch mit dem Kopfe nickten, als wüßten sie, wovon die Rede sei. Ach! unsere armen Vorgänger in Deutschland mußten für jene Revolutionssympathie sehr arg büßen. Junker und Pfäffchen übten an ihnen ihre plumpsten und gemeinsten Tücken. Einige von ihnen flüchteten nach Paris und sind hier in Armut und Elend verkommen und verschollen. Ich habe jüngst einen blinden Landsmann gesehen, der noch seit jener Zeit in Paris ist; ich sah ihn im Palais Royal, wo er sich ein bißchen an der Sonne gewärmt hatte. Es war schmerzlich anzusehen, wie er blaß und mager war und sich seinen Weg an den Häusern weiterfühlte. Man sagte mir, es sei der alte dänische Dichter Heiberg. Auch die Dachstube habe ich jüngst gesehen, wo der Bürger Georg Forster gestorben. Den Freiheitsfreunden, die in Deutschland blieben, wäre es aber noch weit schlimmer ergangen, wenn nicht bald Napoleon und seine Franzosen uns besiegt hätten. Napoleon hat gewiß nie geahnt, daß er selber der Retter der Ideologie gewesen. Ohne ihn wären unsere Philosophen mitsamt ihren Ideen durch Galgen und Rad ausgerottet worden. Die deutschen Freiheitsfreunde jedoch, zu republikanisch gesinnt, um dem Napoleon zu huldigen, auch zu großmütig, um sich der Fremdherrschaft anzuschließen, hüllten sich seitdem in ein tiefes Schweigen. Sie gingen traurig herum mit gebrochenen Herzen, mit geschlossenen Lippen. Als Napoleon fiel, da lächelten sie, aber wehmütig, und schwiegen; sie nahmen fast gar keinen Teil an dem patriotischen Enthusiasmus, der damals, mit allerhöchster Bewilligung, in Deutschland emporjubelte. Sie wußten, was sie wußten, und schwiegen. Da diese Republikaner eine sehr keusche, einfache Lebensart führen, so werden sie gewöhnlich sehr alt, und als die Juliusrevolution ausbrach, waren noch viele von ihnen am Leben, und nicht wenig wunderten wir uns, als die alten Käuze, die wir sonst immer so gebeugt und fast blödsinnig schweigend umherwandeln gesehen, jetzt plötzlich das Haupt erhoben und uns Jungen freundlich entgegenlachten und die Hände drückten und lustige Geschichten erzählten. Einen von ihnen hörte ich sogar singen; denn im Kaffeehause sang er uns die Marseiller Hymne vor, und wir lernten da die Melodie und die schönen Worte, und es dauerte nicht lange, so sangen wir sie besser als der Alte selbst, denn der hat manchmal in der besten Strophe wie ein Narr gelacht oder geweint wie ein Kind. Es ist immer gut, wenn so alte Leute leben bleiben, um den Jungen die Lieder zu lehren. Wir Jungen werden sie nicht vergessen, und einige von uns werden sie einst jenen Enkeln einstudieren, die jetzt noch nicht geboren sind. Viele von uns werden aber unterdessen verfault sein, daheim im Gefängnisse oder auf einer Dachstube in der Fremde. - - -«

Obige Stelle, aus meinem Buche »De l'Allemagne« (sie fehlt in der deutschen Ausgabe), schrieb ich vor etwa sechs Jahren, und indem ich sie heute wieder überlese, lagern sich über meine Seele, wie feuchte Schatten, alle jene trostlosen Betrübnisse, wovon mich damals nur die ersten Ahnungen anwehten. Es rieselt mir wie Eiswasser durch die glühendsten Empfindungen, und mein Leben ist nur ein schmerzliches Erstarren. O kalte Winterhölle, worin wir zähneklappernd leben! ... O Tod, weißer Schneemann im unendlichen Nebel, was nickst du so verhöhnend! ...

Glücklich sind die, welche in den Kerkern der Heimat ruhig hinmodern ... denn diese Kerker sind eine Heimat mit eisernen Stangen, und deutsche Luft weht hindurch, und der Schlüsselmeister, wenn er nicht ganz stumm ist, spricht er die deutsche Sprache! ... Es sind heute über sechs Monde, daß kein deutscher Laut an mein Ohr klang, und alles, was ich dichte und trachte, kleidet sich mühsam in ausländische Redensarten ... Ihr habt vielleicht einen Begriff vom leiblichen Exil, jedoch vom geistigen Exil kann nur ein deutscher Dichter sich eine Vorstellung machen, der sich gezwungen sähe, den ganzen Tag französisch zu sprechen, zu schreiben und sogar des Nachts am Herzen der Geliebten französisch zu seufzen! Auch meine Gedanken sind exiliert, exiliert in eine fremde Sprache.

Glücklich sind die, welche in der Fremde nur mit der Armut zu kämpfen haben, mit Hunger und Kälte, lauter natürlichen Übeln ... Durch die Luken ihrer Dachstuben lacht ihnen der Himmel und alle seine Sterne ... Oh, goldenes Elend mit weißen Glacéhandschuhen, wie bist du unendlich qualsamer! ... Das verzweifelnde Haupt muß sich frisieren lassen, wo nicht gar parfümieren, und die zürnenden

Lippen, welche Himmel und Erde verfluchen möchten, müssen lächeln und immer lächeln …

Glücklich sind die, welche, über das große Leid, am Ende ihr letztes bißchen Verstand verloren und ein sicheres Unterkommen gefunden in Charenton oder in Bicêtre, wie der arme F., wie der arme B., wie der arme L. und so manche andere, die ich weniger kannte … Die Zelle ihres Wahnsinns dünkt ihnen eine geliebte Heimat, und in der Zwangsjacke dünken sie sich Sieger über allen Despotismus, dünken sie sich stolze Bürger eines freien Staates … Aber das alles hätten sie zu Hause ebensogut haben können!

Nur der Übergang von der Vernunft zur Tollheit ist ein verdrießlicher Moment und gräßlich … Mich schaudert, wenn ich daran denke, wie der F. zum letzten Male zu mir kam, um ernsthaft mit mir zu verhandeln, daß man auch die Mondmenschen und die entferntesten Sternenbewohner in den großen Völkerbund aufnehmen müsse. Aber wie soll man ihnen unsere Vorschläge ankündigen? Das war die große Frage. Ein anderer Patriot hatte in ähnlicher Absicht eine Art kolossaler Spiegel erdacht, womit man Proklamationen mit Riesenbuchstaben in der Luft abspiegelt, so daß die ganze Menschheit sie auf einmal lesen könnte, ohne daß Zensor und Polizei es zu verhindern vermöchten … Welches staatsgefährliche Projekt!

Und doch geschieht dessen keine Erwähnung in dem Bundestagsberichte über die revolutionäre Propaganda!

Am glücklichsten sind wohl die Toten, die im Grabe liegen, auf dem Père-Lachaise, wie du, armer Börne!

Ja, glücklich sind diejenigen, welche in den Kerkern der Heimat, glücklich die, welche in den Dachstuben des körperlichen Elends, glücklich die Verrückten im Tollhaus, am glücklichsten die Toten! Was mich betrifft, den Schreiber dieser Blätter, ich glaube mich am Ende gar nicht so sehr beklagen zu dürfen, da ich des Glückes aller dieser Leute gewissermaßen teilhaft werde, durch jene wunderliche Empfänglichkeit, jene unwillkürliche Mitempfindung, jene Gemütskrankheit, die wir bei den Poeten finden und mit keinem rechten Namen zu bezeichnen wissen. Wenn ich auch am Tage wohlbeleibt und lachend dahinwandle durch die funkelnden Gassen Babylons, glaubt mir's! sobald der Abend herabsinkt, erklingen die melancholischen Harfen in meinem Herzen, und gar des Nachts erschmettern darin alle Pauken und Zimbeln des Schmerzes, die ganze Janitscharenmusik der Weltqual, und es steigt empor der entsetzlich gellende Mummenschanz ...

O welche Träume! Träume des Kerkers, des Elends, des Wahnsinns, des Todes! Ein schrillendes Gemisch von Unsinn und Weisheit, eine bunte vergiftete Suppe, die nach Sauerkraut schmeckt und nach Orangenblüten riecht! Welch ein grauenhaftes Gefühl, wenn die nächtlichen Träume das Treiben des Tages verhöhnen und aus den flammenden Mohnblumen die ironischen Larven hervorgucken und Rübchen schaben und die stolzen Lorbeerbäume sich in graue Disteln verwandeln und die Nachtigallen ein Spottgelächter erheben ...

Gewöhnlich, in meinen Träumen, sitze ich auf einem Eckstein der Rue Laffitte an einem feuchten Herbstabend, wenn der Mond auf das schmutzige Boulevardpflaster herabstrahlt mit langen Streiflichtern, so daß der Kot vergoldet scheint, wo nicht gar mit blitzenden Diamanten übersät ... Die vorübergehenden Menschen sind ebenfalls nur glänzender Kot: Stockjobbers, Spieler, wohlfeile Skribenten, Falschmünzer des Gedankens, noch wohlfeilere Dirnen, die freilich nur mit dem Leibe zu lügen brauchen, satte Faulbäuche, die im Café de Paris gefüttert worden und jetzt nach der Académie de musique hinstürzen, nach der Kathedrale des Lasters, wo Fanny Elßler tanzt und lächelt ... Dazwischen rasseln auch die Karossen und springen die Lakaien, die bunt wie Tulpen und gemein wie ihre gnädige Herrschaft ... Und wenn ich nicht irre, in einer jener frechen goldnen Kutschen sitzt der ehemalige Zigarrenhändler Aguado, und seine stampfenden Rosse bespritzen von oben bis unten meine rosaroten Trikotkleider ... Ja, zu meiner eigenen Verwunderung bin ich ganz in rosaroten Trikot gekleidet, in ein sogenanntes fleischfarbiges Gewand, da die vorgerückte Jahrzeit und auch das Klima keine völlige Nacktheit erlaubt wie in Griechenland, bei den Thermopylen, wo der König Leonidas mit seinen dreihundert Spartanern, am Vorabend der Schlacht, ganz nackt tanzte, ganz nackt, das Haupt mit Blumen bekränzt ... Eben wie Leonidas auf dem Gemälde von David bin ich kostümiert, wenn ich in meinen Träumen auf dem Eckstein sitze, an der Rue Laffitte, wo der verdammte Kutscher von Aguado mir meine Trikothosen bespritzt ... Der Lump, er bespritzt mir sogar den Blumenkranz, den schönen Blumenkranz, den ich auf meinem Haupte trage, der aber, unter uns gesagt, schon ziemlich trocken und nicht mehr duftet ... Ach! es waren frische, freudige Blumen, als ich mich einst damit schmückte, in der Meinung, den anderen Morgen ginge es zur Schlacht, zum heiligen Todessieg für das Vaterland - - - Das ist nun lange her, mürrisch und müßig sitze ich an der Rue Laffitte und harre des Kampfes, und unterdessen welken die Blumen auf meinem Haupte, und auch meine Haare färben sich weiß, und mein Herz erkrankt mir in der Brust ... Heiliger Gott! was wird einem die Zeit so lange bei solchem tatlosen Harren, und am Ende stirbt mir noch der Mut ... Ich sehe, wie die Leute vorbeigehen, mich mitleidig anschauen und einander zuflüstern: »Der arme Narr!«

Wie die Nachtträume meine Tagesgedanken verhöhnen, so geschieht es auch zuweilen, daß die Gedanken des Tages über die unsinnigen Nachtträume sich lustig machen, und mit Recht, denn ich handle im Traume oft wie ein wahrer Dummkopf. Jüngst träumte mir, ich machte eine große Reise durch ganz Europa, nur daß ich mich dabei keines Wagens mit Pferden, sondern eines gar prächtigen Schiffes bediente. Das ging gut, wenn ein Fluß oder ein See sich auf meinem Wege befand. Solches war aber der seltenere Fall, und gewöhnlich mußte ich über festes Land, was für mich sehr unbequem, da ich alsdann mein Schiff über weite Ebenen, Waldstege, Moorgründe und sogar über sehr hohe Berge fortschleppen mußte, bis ich wieder an einen Fluß oder See kam, wo ich gemächlich segeln konnte. Gewöhnlich aber, wie gesagt, mußte ich mein Fahrzeug selber fortschleppen, was mir sehr viel Zeitverlust und nicht geringe Anstrengung kostete, so daß ich am Ende vor Überdruß und Müdigkeit erwachte. Nun aber, des Morgens, beim ruhigen Kaffee, machte ich die richtige Bemerkung, daß ich weit schneller und bequemer gereist wäre, wenn ich gar kein Schiff besessen hätte und wie ein gewöhnlicher armer Teufel immer zu Fuß gegangen wäre.

Am Ende kommt es auf eins heraus, wie wir die große Reise gemacht haben, ob zu Fuß oder zu Pferd oder zu Schiff ... Wir gelangen am Ende alle in dieselbe Herberge, in dieselbe schlechte Schenke, wo man die Türe mit einer Schaufel aufmacht, wo die Stube so eng, so kalt, so dunkel, wo man aber gut schläft, fast gar zu gut ...

Ob wir einst auferstehen? Sonderbar! meine Tagesgedanken verneinen diese Frage, und aus reinem Widerspruchsgeiste wird sie von meinen Nachtträumen bejaht. So z.B. träumte mir unlängst: ich sei in der ersten Morgenfrühe nach dem Kirchhof gegangen, und dort, zu meiner höchsten Verwunderung, sah ich, wie bei jedem Grabe ein Paar blankgewichster Stiefel stand, ungefähr wie in den Wirtshäusern vor den Stuben der Reisenden ... Das war ein wunderlicher Anblick, es herrschte eine sanfte Stille auf dem ganzen Kirchhof, die müden Erdenpilger schliefen, Grab neben Grab, und die blankgewichsten Stiefel, die dort in langen Reihen standen, glänzten im frischen Morgenlicht, so hoffnungsreich, so verheißungsvoll, wie ein sonnenklarer Beweis der Auferstehung.

Ich vermag den Ort nicht genau zu bezeichnen, wo auf dem Père-Lachaise sich Börnes Grab befindet. Ich bemerke dieses ausdrücklich. Denn während er lebte, ward ich nicht selten von reisenden Deutschen besucht, die mich frugen, wo Börne wohne, und jetzt werde ich sehr oft mit der Anfrage behelligt, wo Börne begraben läge. Soviel man mir sagt, liegt er unten auf der rechten Seite des Kirchhofs, unter lauter Generälen aus der Kaiserzeit und Schauspielerinnen des Théâtre Français ... unter toten Adlern und toten Papageien.

In der »Zeitung für die elegante Welt« las ich jüngst, daß das Kreuz auf dem Grabe Börnes vom Sturme niedergebrochen worden. Ein jüngerer Poet besang diesen Umstand in einem schönen Gedichte, wie denn überhaupt Börne, der im Leben so oft mit den faulsten Äpfeln der Prosa beschmissen worden, jetzt nach seinem Tode mit den wohlduftigsten Versen beräuchert wird. Das Volk steinigt gern seine Propheten, um ihre Reliquien desto inbrünstiger zu verehren; die Hunde, die uns heute anbellen, morgen küssen sie gläubig unsere Knochen! – –

Wie ich bereits gesagt habe, ich liefere hier weder eine Apologie noch eine Kritik des Mannes, womit sich diese Blätter beschäftigen. Ich zeichne nur sein Bild, mit genauer Angabe des Ortes und der Zeit, wo er mir saß. Zugleich verhehle ich nicht, welche günstige oder ungünstige Stimmung mich während der Sitzung beherrschte. Ich liefere dadurch den besten Maßstab für den Glauben, den meine Angaben verdienen.

Ist aber einerseits dieses beständige Konstatieren meiner Persönlichkeit das geeignetste Mittel, ein Selbsturteil des Lesers zu fördern, so glaube ich andererseits zu einem Hervorstellen meiner eigenen Person in diesem Buche besonders verpflichtet zu sein, da, durch einen Zusammenfluß der heterogensten Umstände, sowohl die Feinde wie die Freunde Börnes nie aufhörten, bei jeder Besprechung desselben über mein eigenes Tichten und Trachten mehr oder minder wohlwollend oder böswillig zu räsonieren. Die aristokratische Partei in Deutschland, wohl wissend, daß ihr die Mäßigung meiner Rede weit gefährlicher sei als die Berserkerwut Börnes, suchte mich gern als einen gleichgesinnten Kumpan desselben zu verschreien, um mir eine gewisse Solidarität seiner politischen Tollheiten aufzubürden. Die radikale Partei, weit entfernt, diese Kriegslist zu enthüllen, unterstützte sie vielmehr, um mich in den Augen der Menge als ihren Genossen erscheinen zu lassen und dadurch die Autorität meines Namens auszubeuten. Gegen solche Machinationen öffentlich aufzutreten war unmöglich; ich hätte nur den Verdacht auf mich geladen, als desavouierte ich Börne, um die Gunst seiner Feinde zu gewinnen. Unter diesen Umständen tat mir Börne wirklich einen Gefallen, als er nicht bloß in kurz hingeworfenen Worten, sondern auch in erweiterten Auseinandersetzungen mich öffentlich angriff und über die Meinungsdifferenz, die zwischen uns herrschte, das Publikum selber aufklärte. Das tat er namentlich im sechsten Bande seiner »Pariser Briefe« und in zwei Artikeln, die er in der französischen Zeitschrift »Le Réformateur« abdrucken ließ. Diese Artikel, worauf ich, wie bereits erwähnt worden, nie antwortete, gaben wieder Gelegenheit, bei jeder Besprechung Börnes auch von mir zu reden, jetzt freilich in einem ganz anderen Tone wie früher. Die Aristokraten überhäuften mich mit den perfidesten Lobsprüchen, sie priesen mich fast zugrunde: ich wurde plötzlich wieder ein großer Dichter, nachdem ich ja eingesehen hätte, daß ich meine politische Rolle, den lächerlichen Radikalismus, nicht weiterspielen könne. Die Radikalen hingegen fingen nun an, öffentlich gegen mich loszuziehen – privatim taten sie es zu jeder Zeit –, sie ließen kein gutes Haar an mir, sie sprachen mir allen Charakter ab und ließen nur noch den Dichter gelten. – Ja, ich bekam sozusagen meinen politischen Abschied und wurde gleichsam in Ruhestand nach dem Parnassus versetzt. Wer die erwähnten zwei Parteien kennt, wird die Großmut, womit sie mir den Titel eines Poeten ließen, leicht würdigen. Die einen sehen in einem Dichter nichts anderes als einen träumerischen Höfling müßiger Ideale. Die anderen sehen in dem Dichter gar nichts; in ihrer nüchternen Hohlheit findet Poesie auch nicht den dürftigsten Widerklang.

Was ein Dichter eigentlich ist, wollen wir dahingestellt sein lassen. Doch können wir nicht umhin, über die Begriffe, die man mit dem Worte »Charakter« verbindet, unsere unmaßgebliche Meinung auszusprechen.

Was versteht man unter dem Wort »Charakter«?

Charakter hat derjenige, der in den bestimmten Kreisen einer bestimmten Lebensanschauung lebt und waltet, sich gleichsam mit derselben identifiziert und nie in Widerspruch gerät mit seinem Denken und Fühlen. Bei ganz ausgezeichneten, über ihr Zeitalter hinausragenden Geistern kann daher die Menge nie wissen, ob sie Charakter haben oder nicht, denn die große Menge hat nicht Weitblick genug, um die Kreise zu überschauen, innerhalb derselben sich jene hohen Geister bewegen. Ja, indem die Menge nicht die Grenzen des Wollens und Dürfens jener hohen Geister kennt, kann es ihr leicht begegnen, in den Handlungen derselben weder Befugnis noch Notwendigkeit zu sehen, und die geistig Blöd- und Kurzsichtigen klagen dann über Willkür, Inkonsequenz, Charakterlosigkeit. Minder begabte Menschen, deren oberflächlichere und engere Lebensanschauung leichter ergründet und überschaut wird und die gleichsam ihr Lebensprogramm in populärer Sprache ein für allemal auf öffentlichem Markte proklamiert haben, diese kann das verehrungswürdige Publikum immer im Zusammenhang begreifen, es besitzt einen Maßstab für jede ihrer Handlungen, es freut sich dabei über seine eigene Intelligenz, wie bei einer aufgelösten Scharade, und jubelt: »Seht, das ist ein Charakter!«

Es ist immer ein Zeichen von Borniertheit, wenn man von der bornierten Menge leicht begriffen und ausdrücklich als Charakter gefeiert wird. Bei Schriftstellern ist dies noch bedenklicher, da ihre Taten eigentlich in Worten bestehen, und was das Publikum als Charakter in ihren Schriften verehrt, ist am Ende nichts anders als knechtische Hingebung an den Moment, als Mangel an Bildnerruhe, an Kunst.

Der Grundsatz, daß man den Charakter eines Schriftstellers aus seiner Schreibweise erkenne, ist nicht unbedingt richtig; er ist bloß anwendbar bei jener Masse von Autoren, denen beim Schreiben nur die augenblickliche Inspiration die Feder führt und die mehr dem Worte gehorchen als befehlen. Bei Artisten ist jener Grundsatz unzuläßlich, denn diese sind Meister des Wortes, handhaben es zu jedem beliebigen Zwecke, prägen es nach Willkür, schreiben objektiv, und ihr Charakter verrät sich nicht in ihrem Stil.

Ob Börne ein Charakter ist, während andere nur Dichter sind, diese unfruchtbare Frage können wir nur mit dem mitleidigsten Achselzucken beantworten.

»Nur Dichter« – wir werden unsere Gegner nie so bitter tadeln, daß wir sie in eine und dieselbe Kategorie setzen mit Dante, Milton, Cervantes, Camões, Philipp Sidney, Friedrich Schiller, Wolfgang Goethe, welche nur Dichter waren ... Unter uns gesagt, diese Dichter, sogar der letztere, zeigten manchmal Charakter!

»Sie haben Augen und sehen nicht, sie haben Ohren und hören nicht, sie haben sogar Nasen und riechen nichts.« – Diese Worte lassen sich sehr gut anwenden auf die plumpe Menge, die nie begreifen wird, daß ohne innere Einheit keine geistige Größe möglich ist und daß, was eigentlich Charakter genannt werden muß, zu den unerläßlichsten Attributen des Dichters gehört.

Die Distinktion zwischen Charakter und Dichter ist übrigens zunächst von Börne selbst ausgegangen, und er hatte selber schon allen jenen schnöden Folgerungen vorgearbeitet, die seine Anhänger später gegen den Schreiber dieser Blätter abhaspelten. In den »Pariser Briefen« und den erwähnten Artikeln des »Réformateurs« wird bereits von meinem charakterlosen Poetentum und meiner poetischen Charakterlosigkeit hinlänglich gezüngelt, und es winden und krümmen sich dort die giftigsten Insinuationen. Nicht mit bestimmten Worten, aber mit allerlei Winken werde ich hier der zweideutigsten Gesinnungen, wo nicht gar der gänzlichen Gesinnungslosigkeit, verdächtigt! Ich werde in derselben Weise nicht bloß des Indifferentismus, sondern auch des Widerspruchs mit mir selber bezüchtigt. Es lassen sich hier sogar einige Zischlaute vernehmen, die – können die Toten im Grabe erröten? –, ja, ich kann dem Verstorbenen diese Beschämung nicht ersparen: er hat sogar auf Bestechlichkeit hingedeutet ...

Schöne, süße Ruhe, die ich in diesem Augenblick in tiefster Seele empfinde! Du belohnst mich hinreichend für alles, was ich getan, und für alles, was ich verschmäht ... Ich werde mich weder gegen den Vorwurf der Indifferenz noch gegen den Verdacht der Feilheit verteidigen. Ich habe es vor Jahren, bei Lebzeiten der Insinuanten, meiner unwürdig gehalten; jetzt fordert Schweigen sogar der Anstand. Das gäbe ein grauenhaftes Schauspiel ... Polemik zwischen dem Tod und dem Exil! – Du reichst mir aus dem Grabe die bittende Hand? ... Ohne Groll reiche ich dir die meinige ... Sieh, wie schön ist sie und rein! Sie ward nie besudelt von dem Händedruck des Pöbels, ebensowenig wie vom schmutzigen Golde der Volksfeinde ... Im Grunde hast du mich ja nie beleidigt ... In allen deinen Insinuationen ist auch für keinen Louisdor Wahrheit!

Die Stelle in Börnes »Pariser Briefen«, wo er am unumwundensten mich angriff, ist zugleich so charakteristisch zur Beurteilung des Mannes selbst, seines Stiles, seiner Leidenschaft und seiner Blindheit, daß ich nicht umhinkann, sie hier mitzuteilen. Trotz des bittersten Wollens war er nie imstande, mich zu verletzen, und alles, was er hier sowie auch in den erwähnten Artikeln des »Réformateurs« zu meinem Nachteil vorbrachte, konnte ich mit einem Gleichmute lesen, als wäre es nicht gegen mich gerichtet, sondern etwa gegen Nebukodonosor, König von Babylon, oder gegen den Kalifen Harun al Raschid oder gegen Friedrich den Großen, welcher die Pasquille auf seine Person, die an den Berliner Straßenecken etwas zu hoch hingen, viel niedriger anzuheften befahl, damit das Publikum sie besser lesen könne. Die erwähnte Stelle ist datiert von Paris, den 25. Februar 1833, und lautet folgendermaßen:

»Soll ich über Heines ›Französische Zustände‹ ein vernünftiges Wort versuchen? Ich wage es nicht. Das fliegenartige Mißbehagen, das mir beim Lesen des Buches um den Kopf summte und sich bald auf diese, bald auf jene Empfindung setzte, hat mich so ärgerlich gestimmt, daß ich mich nicht verbürge – ich sage nicht für die Richtigkeit meines Urteils, denn solche anmaßliche Bürgschaft übernehme ich nie –, sondern nicht einmal für die Aufrichtigkeit meines Urteils. Dabei bin ich aber besonnen genug geblieben, um zu vermuten, daß diese Verstimmung meine, nicht Heines Schuld ist. Wer so große Geheimnisse wie er besitzt, als wie: in der dreihundertjährigen Unmenschlichkeit der österreichischen Politik eine erhabene Ausdauer zu finden und in dem Könige von Bayern einen der edelsten und geistreichsten Fürsten, die je einen Thron geziert; den König der Franzosen, als hätte er das kalte Fieber, an dem einen Tage für gut, an dem andern für schlecht, am dritten Tage wieder für gut, am vierten wieder für schlecht zu erklären; wer es kühn und großartig findet, daß die Herrn von Rothschild während der Cholera ruhig in Paris geblieben, aber die unbezahlten Mühen der deutschen Patrioten lächerlich findet; und wer bei aller dieser Weichmütigkeit sich selbst noch für einen gefesteten Mann hält – wer so große Geheimnisse besitzt, der mag noch größere haben, die das Rätselhafte seines Buches erklären; ich aber kenne sie nicht. Ich kann mich nicht bloß in das Denken und Fühlen jedes andern, sondern auch in sein Blut und seine Nerven versetzen, mich an die Quellen aller seiner Gesinnungen und Gefühle stellen und ihrem Laufe nachgehen mit unermüdlicher Geduld. Doch muß ich dabei mein eigenes Wesen nicht aufzuopfern haben, sondern nur zu beseitigen auf eine Weile. Ich kann Nachsicht haben mit Kinderspielen, Nachsicht mit den Leidenschaften eines Jünglings. Wenn aber an einem Tage des blutigsten Kampfes ein Knabe, der auf dem Schlachtfelde nach Schmetterlingen jagt, mir zwischen die Beine kömmt, wenn an einem Tage der höchsten Not, wo wir heiß zu Gott beten, ein junger Geck uns zur Seite in der Kirche nichts sieht als die schönen Mädchen und mit ihnen liebäugelt und flüstert – so darf uns das, unbeschadet unserer Philosophie und Menschlichkeit, wohl ärgerlich machen.

Heine ist ein Künstler, ein Dichter, und zur allgemeinsten Anerkennung fehlt ihm nur noch seine eigne. Weil er oft noch etwas anders sein will als ein Dichter, verliert er sich oft. Wem, wie ihm, die Form das Höchste ist, dem muß sie auch das einzige bleiben; denn sobald er den Rand übersteigt, fließt er ins Schrankenlose hinab, und es trinkt ihn der Sand. Wer die Kunst als seine Gottheit verehrt und je nach Laune auch manches Gebet an die Natur richtet, der frevelt gegen Kunst und Natur zugleich. Heine bettelt der Natur ihren Nektar und Blütenstaub ab und bauet mit bildendem Wachse der Kunst ihre Zellen, aber er bildet die Zelle nicht, daß sie den Honig bewahre, sondern sammelt den Honig, damit die Zelle auszufüllen. Darum rührt er auch nicht, wenn er weint; denn man weiß, daß er mit den Tränen nur seine Nelkenbeete begießt. Darum überzeugt er nicht, wenn er auch die Wahrheit spricht; denn man weiß, daß er an der Wahrheit nur das Schöne liebt. Aber die Wahrheit ist nicht immer schön, sie bleibt es nicht immer. Es dauert lange, bis sie in Blüte kömmt, und sie muß verblühen, ehe sie Früchte trägt. Heine würde die deutsche Freiheit anbeten, wenn sie in voller Blüte stände; da sie aber, wegen des rauhen Winters, mit Mist bedeckt ist, erkennt er sie nicht und verachtet sie. Mit welcher schönen Begeisterung hat er nicht von dem Kampfe der Republikaner in der St.-Mery-Kirche und von ihrem Heldentode gesprochen! Es war ein glücklicher Kampf, es war ihnen vergönnt, den schönen Trotz gegen die Tyrannei zu zeigen und den schönen Tod für die Freiheit zu sterben. Wäre der Kampf nicht schön gewesen, und dazu hätte es nur einer andern Örtlichkeit bedurft, wo man die Republikaner hätte zerstreuen und fangen können – hätte sich Heine über sie lustig gemacht. Was Brutus getan, würde Heine verherrlichen, so schön er nur vermag; würde aber ein Schneider den blutigen Dolch aus dem Herzen einer entehrten jungen Näherin ziehen, die gar Bärbelchen hieße, und damit die dummträgen Bürger zu ihrer Selbstbefreiung stacheln – er lachte darüber. Man versetze Heine in das Ballhaus zu jener denkwürdigen Stunde, wo Frankreich aus seinem tausendjährigen Schlafe erwachte und schwur, es wolle nicht mehr träumen – er wäre der tollheißeste Jakobiner, der wütendste Feind der Aristokraten und ließe alle Edelleute und Fürsten mit Wonne an einem Tage niedermetzeln. Aber sähe er aus der Rocktasche des feuerspeienden Mirabeau auf deutsche Studentenart eine Tabakspfeife mit rot-schwarz-goldner Quaste hervorragen – dann pfui, Freiheit! Und er ginge hin und machte schöne Verse auf Marie Antoinettens schöne Augen. Wenn er in seinem Buche die heilige Würde des Absolutismus preist, so geschah es, außer daß es eine Redeübung war, die sich an dem Tollsten versuchte, nicht darum, weil er politisch reinen Herzens ist, wie er sagt; sondern er tat es, weil er atemreines Mundes bleiben möchte und er wohl an jenem Tage, als er das schrieb, einen deutschen Liberalen Sauerkraut mit Bratwurst essen gesehen.

Wie kann man je dem glauben, der selbst nichts glaubt? Heine schämt sich so sehr, etwas zu glauben, daß er Gott den ›Herrn‹ mit lauter Initialbuchstaben drucken läßt, um anzuzeigen, daß es ein Kunstausdruck sei, den er nicht zu verantworten habe. Den verzärtelten Heine, bei seiner sybaritischen Natur, kann das Fallen eines Rosenblattes im Schlafe stören; wie sollte er behaglich auf der Freiheit ruhen, die so knorrig ist? Er bleibe fern von ihr. Wen jede Unebenheit ermüdet, wen jeder Widerspruch verwirrt macht, der gehe nicht, denke nicht, lege sich in sein Bett und schließe die Augen. Wo gibt es denn eine Wahrheit, in der nicht etwas Lüge wäre? Wo eine Schönheit, die nicht ihre Flecken hätte? Wo ein Erhabenes, dem nicht eine Lächerlichkeit zur Seite stünde? Die Natur dichtet selten und reimet niemals; wem ihre Prosa und ihre Ungereimtheiten nicht behagen, der wende sich zur Poesie. Die Natur regiert republikanisch, sie läßt jedem Dinge seinen Willen, bis zur Reife der Missetat, und straft dann erst. Wer schwache Nerven hat und Gefahren scheut, der diene der Kunst, der absoluten, die jeden rauhen Gedanken ausstreicht, ehe er zur Tat wird, und an jeder Tat feilt, bis sie zu schmächtig wird zur Missetat.

Heine hat in meinen Augen so großen Wert, daß es ihm nicht immer gelingen wird, sich zu überschätzen. Also nicht diese Selbstüberschätzung mache ich ihm zum Vorwurfe, sondern daß er überhaupt die

Wirksamkeit einzelner Menschen überschätzt, ob er es zwar in seinem eigenen Buche so klar und schön dargetan, daß heute die Individuen nichts mehr gelten, daß selbst Voltaire und Rousseau von keiner Bedeutung wären, weil jetzt die Chöre handelten und die Personen sprächen. Was sind wir denn, wenn wir viel sind? Nichts als die Herolde des Volks. Wenn wir verkündigen, und mit lauter vernehmlicher Stimme, was uns, jedem von seiner Partei, aufgetragen, werden wir gelobt und belohnt; wenn wir unvernehmlich sprechen oder gar verräterisch eine falsche Botschaft bringen, werden wir getadelt und gezüchtigt. Das vergißt eben Heine, und weil er glaubt, er wie mancher andere auch könnte eine Partei zugrunde richten oder ihr aufhelfen, hält er sich für wichtig; sieht umher, wem er gefalle, wem nicht; träumt von Freunden und Feinden, und weil er nicht weiß, wo er geht und wohin er will, weiß er weder, wo seine Freunde, noch, wo seine Feinde stehen, sucht sie bald hier, bald dort und weiß sie weder hier noch dort zu finden. Uns andern miserablen Menschen hat die Natur zum Glücke nur *einen* Rücken gegeben, so daß wir die Schläge des Schicksals nur von *einer* Seite fürchten; der arme Heine aber hat zwei Rücken, er fürchtet die Schläge der Aristokraten und die Schläge der Demokraten, und um beiden auszuweichen, muß er zugleich vorwärts und rückwärts gehen.

Um den Demokraten zu gefallen, sagt Heine, die jesuitisch-aristokratische Partei in Deutschland verleumde und verfolge ihn, weil er dem Absolutismus kühn die Stirne biete. Dann, um den Aristokraten zu gefallen, sagt er, er habe dem Jakobinismus kühn die Stirne geboten; er sei ein guter Royalist und werde ewig monarchisch gesinnt bleiben; in einem Pariser Putzladen, wo er vorigen Sommer bekannt war, sei er unter den acht Putzmachermädchen mit ihren acht Liebhabern – alle sechzehn von höchst gefährlicher republikanischer Gesinnung – der einzige Royalist gewesen, und darum stünden ihm die Demokraten nach dem Leben. Ganz wörtlich sagt er: ›Ich bin, bei Gott! kein Republikaner, ich weiß, wenn die Republikaner siegen, so schneiden sie mir die Kehle ab.‹ Ferner: ›Wenn die Insurrektion vom 5. Juni nicht scheiterte, wäre es ihnen leicht gelungen, mir den Tod zu bereiten, den sie mir zugedacht: ich verzeihe ihnen gerne diese Narrheit.‹ Ich nicht. Republikaner, die solche Narren wären, daß sie Heine glaubten aus dem Wege räumen zu müssen, um ihr Ziel zu erreichen, die gehörten in das Tollhaus.

Auf diese Weise glaubt Heine bald dem Absolutismus, bald dem Jakobinismus kühn die Stirne zu bieten. Wie man aber einem Feinde die Stirne bieten kann, indem man sich von ihm abwendet, das begreife ich nicht. Jetzt wird, zur Wiedervergeltung, der Jakobinismus durch eine gleiche Wendung auch Heine kühn die Stirne bieten. Dann sind sie quitt, und so hart sie auch aufeinanderstoßen mögen, können sie sich nie sehr wehe tun. Diese weiche Art, Krieg zu führen, ist sehr löblich, und an einem blasenden Herolde, die Heldentaten zu verkündigen, kann es keiner der kämpfenden Stirnen in diesem Falle fehlen.

Gab es je einen Menschen, den die Natur bestimmt hat, ein ehrlicher Mann zu sein, so ist es Heine, und auf diesem Wege könnte er sein Glück machen. Er kann keine fünf Minuten, keine zwanzig Zeilen heucheln, keinen Tag, keinen halben Bogen lügen. Wenn es eine Krone gälte, er kann kein Lächeln, keinen Spott, keinen Witz unterdrücken; und wenn er, sein eigenes Wesen verkennend, doch lügt, doch heuchelt, ernsthaft scheint, wo er lachen, demütig, wo er spotten möchte, so merkt es jeder gleich, und er hat von solcher Verstellung nur den Vorwurf, nicht den Gewinn. Er gefällt sich, den Jesuiten des Liberalismus zu spielen. Ich habe es schon einmal gesagt, daß dieses Spiel der guten Sache nützen kann; aber weil es eine einträgliche Rolle ist, darf sie kein ehrlicher Mann selbst übernehmen, sondern muß sie andern überlassen. So, seiner bessern Natur zum Spott, findet Heine seine Freude daran, zu diplomatisieren und seine Zähne zum Gefängnisgitter seiner Gedanken zu machen, hinter welchem sie jeder ganz deutlich sieht und dabei lacht. Denn zu verbergen, daß er etwas zu verbergen habe, so weit bringt er es in der Verstellung nie. Wenn ihn der Graf Moltke in einen Federkrieg über den Adel zu verwickeln sucht, bittet er ihn, es zu unterlassen, ›denn es schien mir gerade damals bedenklich, in meiner gewöhnlichen Weise ein Thema öffentlich zu erörtern, das die Tagesleidenschaften so furchtbar ansprechen müßte‹. Diese Tagesleidenschaft gegen den Adel, die schon fünfzigmal dreihundertfünfundsechzig Tage dauert, könnte weder Herr von Moltke noch Heine noch sonst einer noch furchtbarer machen, als sie schon ist. Um von etwas warm zu sprechen, soll man also warten, bis die Leidenschaft, der er Nahrung geben kann, gedämpft ist, um sie dann von neuem zu entzünden? Das ist freilich die Weisheit der Diplomaten. Heine glaubt etwas zu wissen, das Lafayette gegen die Beschuldigung der Teilnahme an der Juni-Insurrektion verteidigen kann; aber ›eine leicht begreifliche

Diskretion‹ hält ihn ab, sich deutlich auszusprechen. Wenn Heine auf diesem Wege Minister wird, dann will ich verdammt sein, sein geheimer Sekretär zu werden und ihn von Morgen bis Abend anzusehen, ohne zu lachen.«

Ich möchte herzlich gern auch die erwähnten zwei Artikel des »Réformateur« hier mitteilen, aber drei Schwierigkeiten halten mich davon ab; erstens würden diese Artikel zuviel Raum einnehmen, zweitens, da sie auf französisch geschrieben, müßte ich sie selber übersetzen, und drittens, obgleich ich schon in zehn Cabinets de lecture nachgefragt, habe ich nirgends mehr ein Exemplar des bereits eingegangenen »Réformateur« auftreiben können. Doch der Inhalt dieser Artikel ist mir noch hinlänglich bekannt: sie enthielten die maliziösesten Insinuationen über Abtrünnigkeit und Inkonsequenz, allerlei Anschuldigung von Sinnlichkeit, auch wird darin der Katholizismus gegen mich in Schutz genommen usw. – Von Verteidigung dagegen kann hier nicht die Rede sein; diese Schrift, welche weder eine Apologie noch eine Kritik des Verstorbenen sein soll, bezweckt auch keine Justifikation des Überlebenden. Genug, ich bin mir der Redlichkeit meines Willens und meiner Absichten bewußt, und werfe ich einen Blick auf meine Vergangenheit, so regt sich in mir ein fast freudiger Stolz über die gute Strecke Weges, die ich bereits zurückgelegt. Wird meine Zukunft von ähnlichen Fortschritten zeugen?

Aufrichtig gesagt, ich zweifle daran. Ich fühle eine sonderbare Müdigkeit des Geistes; wenn er auch in der letzten Zeit nicht viel geschaffen, so war er doch immer auf den Beinen. Ob das, was ich überhaupt schuf in diesem Leben, gut oder schlecht war, darüber wollen wir nicht streiten. Genug, es war groß; ich merkte es an der schmerzlichen Erweiterung der Seele, voraus diese Schöpfungen hervorgingen ... und ich merke es auch an der Kleinheit der Zwerge, die davorstehen und schwindlicht hinaufblinzeln ... Ihr Blick reicht nicht bis zur Spitze, und sie stoßen sich nur die Nasen an dem Piedestal jener Monumente, die ich in der Literatur Europas aufgepflanzt habe, zum ewigen Ruhme des deutschen Geistes. Sind diese Monumente ganz makellos, sind sie ganz ohne Fehl und Sünde? Wahrlich, ich will auch hierüber nichts Bestimmtes behaupten. Aber was die kleinen Leute daran auszusetzen wissen, zeugt nur von ihrer eigenen putzigen Beschränktheit. Sie erinnern mich an die kleinen Pariser Badauds, die bei der Aufrichtung des Obelisk auf der Place Louis XVI über den Wert oder die Nützlichkeit dieses großen Sonnenzeigers ihre respektiven Ansichten austauschten. Bei dieser Gelegenheit kamen die ergötzlichsten Philistermeinungen zum Vorschein. Da war ein schwindsüchtig dünner Schneider, welcher behauptete, der rote Stein sei nicht hart genug, um dem nordischen Klima lange zu widerstehen, und das Schneewasser werde ihn bald zerbröckeln und der Wind ihn niederstürzen. Der Kerl hieß Petit Jean und machte sehr schlechte Röcke, wovon kein Fetzen auf die Nachwelt kommen wird, und er selbst liegt schon verscharrt auf dem Père-Lachaise. Der rote Stein aber steht noch immer fest auf der Place Louis XVI und wird noch Jahrhunderte dort stehenbleiben, trotzend allem Schneewasser, Wind und Schneidergeschwätz!

Das Spaßhafteste bei der Aufrichtung des Obelisken war folgendes Ereignis:

Auf der Stelle, wo der große Stein gelegen, ehe man ihn aufrichtete, fand man einige kleine Skorpionen, wahrscheinlich entsprungen aus etwelchen Skorpioneneiern, die in der Emballage des Obelisken aus Ägypten mitgebracht und hier zu Paris von der Sonnenhitze ausgebrütet wurden. Über diese Skorpionen erhuben nun die Badauds ein wahres Zetergeschrei, und sie verfluchten den großen Stein, dem Frankreich jetzt die giftigen Skorpionen verdanke, eine neue Landplage, woran noch Kinder und Kindeskinder leiden würden ... Und sie legten die kleinen Ungetüme in eine Schachtel und brachten sie zum Commissaire de Police des Madeleineviertels, wo gleich procès verbal darüber aufgenommen wurde ... und Eile tat not, da die armen Tierchen einige Stunden nachher starben ...

Auch bei der Aufrichtung großer Geistesobelisken können allerlei Skorpionen zum Vorschein kommen, kleinliche Gifttierchen, die vielleicht ebenfalls aus Ägypten stammen und bald sterben und vergessen werden, während das große Monument erhaben und unzerstörbar stehenbleibt, bewundert von den spätesten Enkeln. – –

Es ist doch eine sonderbare Sache mit dem Obelisken des Luxor, welchen die Franzosen aus dem alten Mizraim herübergeholt und als Zierat aufgestellt haben, inmitten jenes grauenhaften Platzes, wo sie mit der Vergangenheit den entsetzlichen Bruch gefeiert, am 21. des Januar 1793. Leichtsinnig wie sie sind, die Franzosen, haben sie hier vielleicht einen Denkstein aufgepflanzt, der den Fluch ausspricht über jeden, welcher Hand legt an das heilige Haupt Pharaos!

Wer enträtselt diese Stimme der Vorzeit, diese uralten Hieroglyphen? Sie enthalten vielleicht keinen Fluch, sondern ein Rezept für die Wunde unserer Zeit! O wer lesen könnte! Wer sie aussprüche, die heilenden Worte, die hier eingegraben ... Es steht hier vielleicht geschrieben, wo die verborgene Quelle rieselt, woraus die Menschheit trinken muß, um geheilt zu werden, wo das geheime Wasser des Lebens, wovon uns die Amme in den alten Kindermärchen soviel erzählt hat und wonach wir jetzt schmachten als kranke Greise. – Wo fließt das Wasser des Lebens? Wir suchen und suchen ...

Ach, es wird noch eine gute Weile dauern, ehe wir das große Heilmittel ausfündig machen; bis dahin muß noch eine lange schmerzliche Zeit dahingesiecht werden, und allerlei Quacksalber werden auftreten, mit Hausmittelchen, welche das Übel nur verschlimmern. Da kommen zunächst die Radikalen und verschreiben eine Radikalkur, die am Ende doch nur äußerlich wirkt, höchstens den gesellschaftlichen Grind vertreibt, aber nicht die innere Fäulnis. Gelänge es ihnen auch, die leidende Menschheit auf eine kurze Zeit von ihren wildesten Qualen zu befreien, so geschähe es doch nur auf Kosten der letzten Spuren von Schönheit, die dem Patienten bis jetzt geblieben sind; häßlich wie ein geheilter Philister wird er aufstehen von seinem Krankenlager, und in der häßlichen Spitaltracht, in dem aschgrauen Gleichheitskostüm, wird er sich all sein Lebtag herumschleppen müssen. Alle überlieferte Heiterkeit, alle Süße, aller Blumenduft, alle Poesie wird aus dem Leben herausgepumpt werden, und es wird davon nichts übrigbleiben als die Rumfordsche Suppe der Nützlichkeit. – Für die Schönheit und das Genie wird sich kein Platz finden in dem Gemeinwesen unserer neuen Puritaner, und beide werden fletriert und unterdrückt werden, noch weit betrübsamer als unter dem älteren Regimente. Denn Schönheit und Genie sind ja auch eine Art Königtum, und sie passen nicht in eine Gesellschaft, wo jeder, im Mißgefühl der eigenen Mittelmäßigkeit, alle höhere Begabnis herabzuwürdigen sucht, bis aufs banale Niveau.

Die Könige gehen fort, und mit ihnen gehen die letzten Dichter. »Der Dichter soll mit dem König gehen«, diese Worte dürften jetzt einer ganz anderen Deutung anheimfallen. Ohne Autoritätsglauben kann auch kein großer Dichter emporkommen. Sobald sein Privatleben von dem unbarmherzigsten Lichte der Presse beleuchtet wird und die Tageskritik an seinen Worten würmelt und nagt, kann auch das Lied des Dichters nicht mehr den nötigen Respekt finden. Wenn Dante durch die Straßen von Verona ging, zeigte das Volk auf ihn mit Fingern und flüsterte: »Der war in der Hölle!« Hätte er sie sonst mit allen ihren Qualen so treu schildern können? Wie weit tiefer, bei solchem ehrfurchtsvollen Glauben, wirkte die Erzählung der Francesca von Rimini, des Ugolino und aller jener Qualgestalten, die dem Geiste des großen Dichters entquollen ...

Nein, sie sind nicht bloß seinem Geiste entquollen, er hat sie nicht gedichtet, er hat sie gelebt, er hat sie gefühlt, er hat sie gesehen, betastet, er war wirklich in der Hölle, er war in der Stadt der Verdammten ... er war im Exil! - - -

Die öde Werkeltagsgesinnung der modernen Puritaner verbreitet sich schon über ganz Europa, wie eine graue Dämmerung, die einer starren Winterzeit vorausgeht ... Was bedeuten die armen Nachtigallen, die plötzlich schmerzlicher, aber auch süßer als je ihr melodisches Schluchzen erheben im deutschen Dichterwald? Sie singen ein wehmütiges Ade! Die letzten Nymphen, die das Christentum verschont hat, sie flüchten ins wildeste Dickicht. In welchem traurigen Zustand habe ich sie dort erblickt, jüngste Nacht! ...

Als ob die Bitternisse der Wirklichkeit nicht hinreichend kummervoll wären, quälen mich noch die bösen Nachtgesichte ... In greller Bilderschrift zeigt mir der Traum das große Leid, das ich mir gern verhehlen möchte und das ich kaum auszusprechen wage in den nüchternen Begriffslauten des hellen Tages - - -

Jüngste Nacht träumte mir von einem großen wüsten Walde und einer verdrießlichen Herbstnacht. In dem großen wüsten Walde zwischen den himmelhohen Bäumen kamen zuweilen lichte Plätze zum Vorschein, die aber von einem gespenstisch weißen Nebel gefüllt waren. Hie und da, aus dem dicken Nebel, grüßte ein stilles Waldfeuer. Auf eines derselben hinzuschreitend, bemerkte ich allerlei dunkle Schatten, die sich rings um die Flammen bewegten; doch erst in der unmittelbarsten Nähe konnte ich die schlanken Gestalten und ihre melancholisch holden Gesichter genau erkennen. Es waren schöne, nackte Frauenbilder, gleich den Nymphen, die wir auf den lüsternen Gemälden des Giulio Romano sehen und die, in üppiger Jugendblüte, unter sommergrünem Laubdach, sich anmutig lagern und erlustigen ... Ach! kein so heiteres Schauspiel bot sich hier meinem Anblick! Die Weiber meines Traumes, obgleich noch immer geschmückt mit dem Liebreiz ewiger Jugend, trugen dennoch eine geheime Zerstörnis an Leib und

Wesen; die Glieder waren noch immer bezaubernd durch süßes Ebenmaß, aber etwas abgemagert und wie überfröstelt von kaltem Elend, und gar in den Gesichtern, trotz des lächelnden Leichtsinns, zuckten die Spuren eines abgrundtiefen Grams. Auch statt auf schwelenden Rasenbänken, wie die Nymphen des Giulio, kauerten sie auf dem harten Boden, unter halbentlaubten Eichenbäumen, wo, statt der verliebten Sonnenlichter, die quirlenden Dünste der feuchten Herbstnacht auf sie herabsinterten ... Manchmal erhob sich eine dieser Schönen, ergriff aus dem Reisig einen lodernden Brand, schwang ihn über ihr Haupt, gleich einem Thyrsus, und versuchte eine jener unmöglichen Tanzposituren, die wir auf etruskischen Vasen gesehen ... aber traurig lächelnd, wie bezwungen von Müdigkeit und Nachtkälte, sank sie wieder zurück ans knisternde Feuer. Besonders eine unter diesen Frauen bewegte mein ganzes Herz mit einem fast wollüstigen Mitleid. Es war eine hohe Gestalt, aber noch weit mehr als die anderen abgemagert an Armen, Beinen, Busen und Wangen, was jedoch, statt abstoßend, vielmehr zauberhaft anziehend wirkte. Ich weiß nicht, wie es kam, aber ehe ich mich dessen versah, saß ich neben ihr am Feuer, beschäftigt, ihre frostzitternden Hände und Füße an meinen brennenden Lippen zu wärmen; auch spielte ich mit ihren schwarzen, feuchten Haarflechten, die über das griechisch gradnäsige Gesicht und den rührend kalten, griechisch kargen Busen herabhingen ... Ja, ihr Haupthaar war von einer fast strahlenden Schwärze, so wie auch ihre Augenbrauen, die üppig schwarz zusammenflossen, was ihrem Blick einen sonderbaren Ausdruck von schmachtender Wildheit erteilte. »Wie alt bist du, unglückliches Kind«, sprach ich zu ihr. »Frag mich nicht nach meinem Alter« – antwortete sie mit einem halb wehmütig, halb frevelhaften Lachen –, »wenn ich mich auch um ein Jahrtausend jünger machte, so blieb' ich doch noch ziemlich bejahrt! Aber es wird jetzt immer kälter, und mich schläfert, und wenn du mir dein Knie zum Kopfkissen borgen willst, so wirst du deine gehorsame Dienerin sehr verpflichten ...«

Während sie nun auf meinen Knien lag und schlummerte und manchmal, wie eine Sterbende, im Schlafe röchelte, flüsterten ihre Gefährtinnen allerlei Gespräche, wovon ich nur sehr wenig verstand, da sie das Griechische ganz anders aussprachen, als ich es in der Schule und später auch beim alten Wolf gelernt hatte ... Nur soviel begriff ich, daß sie über die schlechte Zeit klagten und noch eine

Verschlimmerung derselben befürchteten und sich vornahmen, noch tiefer waldeinwärts zu flüchten ... Da plötzlich, in der Ferne, erhob sich ein Geschrei von rohen Pöbelstimmen ... Sie schrien, ich weiß nicht mehr, was ... Dazwischen kicherte ein katholisches Mettenglöckchen ... Und meine schönen Waldfrauen wurden sichtbar noch blasser und magerer, bis sie endlich ganz in Nebel zerflossen und ich selber gähnend erwachte.

Biographie

1797   *13. Dezember:* Heinrich Heine wird in Düsseldorf als ältester Sohn des jüdischen Textilkaufmanns Samson Heine und seiner Ehefrau Elisabeth, geb. van Geldern, geboren.
1807   Heine besucht die Vorbereitungsklasse des Lyzeums.
1810   *April:* Eintritt in das Düsseldorfer Lyzeum.
1814   Heine verlässt das Gymnasium ohne Reifezeugnis und wechselt auf die Handelsschule.
1815   Bei dem Bankier Rindskopf in Frankfurt am Main beginnt Heine eine kaufmännische Lehre.
1816   Heine setzt die Lehre im Bankhaus seines Onkels Salomon Heine in Hamburg fort. Unglückliche Liebe zur Cousine Amalie.
1817   Unter Pseudonym veröffentlicht Heine erste Gedichte in »Hamburgs Wächter«.
1818   Mit Unterstützung des Onkels Salomon gründet Heine das Manufakturwarengeschäft »Harry Heine und Comp.« in Hamburg, in dem er vor allem englische Tuche verkauft.
1819   Heine meldet den Konkurs seines Geschäftes an.
       März: Er immatrikuliert sich an der Universität Bonn zum Jurastudium, das von Salomon Heine finanziert wird. Neben juristischen hört er auch philosophische, philologische und historische Vorlesungen, u. a. bei August Wilhelm Schlegel und Ernst Moritz Arndt.
1820   Beginn der Arbeit an der Tragödie »Almansor«.
       August: Im »Rheinisch-Westfälischen Anzeiger« erscheint Heines Aufsatz »Die Romantik«.
       Oktober: Heine wechselt an die Universität Göttingen. Er beteiligt sich an geheimen burschenschaftlichen Versammlungen. Aus antisemitischen Gründen wird Heine aus der Burschenschaft ausgeschlossen.
1821   *Januar:* Wegen eines Duells erhält Heine für ein halbes Jahr Studienverbot an der Universität Göttingen.
       April: Er immatrikuliert sich an der Universität in Berlin, wo er u. a. Vorlesungen bei Georg Wilhelm Friedrich Hegel hört. Bekanntschaft mit Adelbert von Chamisso und Friedrich de

la Motte Fouqué.
Begegnung mit Rahel und Karl August Varnhagen von Ense.
Einige Texte Heines, darunter Fragmente aus »Almansor«, erscheinen in der von Friedrich Wilhelm Gubitz herausgegebenen Zeitschrift »Der Gesellschafter«.
»Gedichte« (vordatiert auf 1822).

1822 Heine wird Mitglied im »Verein für Kultur und Wissenschaft der Juden«.
Reise nach Polen.
Begegnung mit Christian Dietrich Grabbe.
Oktober: Heine besucht Hegel.

1823 Der Bericht »Über Polen« wird im »Gesellschafter« publiziert.
Die Sammlung »Tragödien nebst einem lyrischen Intermezzo« erscheint, sie enthält die Dramen »William Ratcliff« und »Almansor«.
Beginn der Freundschaft mit Karl Leberecht Immermann.
Reise nach Lüneburg, Hamburg, Cuxhaven und Ritzebüttel.
August: »Almansor« wird in Braunschweig uraufgeführt.

1824 *Januar:* Heine immatrikuliert sich erneut an der Universität Göttingen.
Reise nach Berlin.
Er unternimmt eine Fußwanderung durch den Harz, aus der die Reisebeschreibung »Die Harzreise« hervorgeht (erscheint 1826 in »Der Gesellschafter«).
Oktober: Besuch bei Goethe in Weimar.

1825 *Juni:* Heine tritt zum evangelischen Glauben über und wird in Heiligenstadt auf den Namen Christian Johann Heinrich getauft.
Juli: Promotion zum Dr. jur. in Göttingen.
Sommerurlaub in Norderney. Heine siedelt nach Hamburg über und lebt fortan als freier Schriftsteller.

1826 Begegnung mit dem Hamburger Verleger Julius Campe, der künftig Heines Hauptverleger wird.
Der 1. Teil der »Reisebilder« erscheint (»Heimkehr«, »Die Harzreise«, »Die Nordsee, I.«).

1827 Reise nach England.
April: Der 2. Teil der »Reisebilder« erscheint (»Die Nordsee, II. und III.«, »Xenien« von Immermann, »Ideen. Das Buch Le

Grand« und »Briefe aus Berlin«).

Das »Buch der Lieder« (Gedichte) wird Heines publikumswirksamstes Werk und erlebt allein zu seinen Lebzeiten 13 Auflagen.

Reise über Frankfurt am Main, wo er Ludwig Börne trifft, Heidelberg und Stuttgart nach München.

Heine wird Mitherausgeber der »Neuen allgemeinen politischen Annalen«.

Die Absicht, eine Professur für Literaturgeschichte anzutreten, wird vom katholischen Klerus durchkreuzt.

1828 *August – November:* Aufenthalt in Italien: Mailand, Genua, Lucca, Florenz und Venedig.
Dezember: Tod des Vaters in Hamburg.

1829 *Februar:* Heine zieht nach Berlin.
April: Übersiedlung nach Potsdam.

1830 »Reisebilder III«.
Sommerurlaub auf Helgoland.
Heine erhält Nachricht von der Pariser Julirevolution.
Er schreibt die »Briefe aus Helgoland«, in denen er die Vorgänge der Julirevolution reflektiert.

1831 Aufgrund mangelnder Berufsperspektiven in Deutschland entschließt sich Heine zur Übersiedlung nach Paris.
Mai: Ankunft in Paris, wo er als Korrespondent für deutsche Zeitungen und Zeitschriften arbeitet.

1832 Heine nimmt an Versammlungen der Saint-Simonisten teil.
Der Abdruck seiner Artikelserie »Französische Zustände« in der Augsburger »Allgemeinen Zeitung« wird von Metternich nach einigen Folgen unterbunden.
Dezember: Die Buchausgabe »Französische Zustände« erscheint und wird in Preußen verboten.

1833 Heines Aufsatz »État actuel de la littérature en Allemagne. De l'Allemagne depuis Madame de Staël« erscheint in der Pariser Zeitschrift »L'Europe littéraire«.
Der erste von vier unter dem Titel »Salon« veröffentlichten Sammelbänden erscheint; er enthält den Aufsatz »Französische Maler«, den Gedichtzyklus »Verschiedene« und das Erzählfragment »Aus den Memoiren des Herren von Schnabelewopski«.

1834 Begegnung mit Crescence Eugénie Mirat (Mathilde), Heines späterer Lebensgefährtin.

Heine arbeitet an der Schrift »Zur Geschichte der Religion und Philosophie in Deutschland«, die unter dem Titel »De l'Allemagne depuis Luther« in der Zeitschrift »Revue des deux mondes« erscheint.

1835 Der zweite Band des »Salon«, der vor allem die deutsche Version des Aufsatzes zur Geschichte der Religion »Über Deutschland seit Luther« enthält, erscheint.

»Die romantische Schule« (überarbeitete Fassung von »État actuel de la littérature en Allemagne«, vordatiert auf 1836).

Dezember: In Preußen werden sämtliche Schriften Heines verboten.

10. Dezember: Die Deutsche Bundesversammlung verbietet sämtliche gedruckten wie ungedruckten Schriften des so genannten Jungen Deutschland, an erster Stelle die von Heine sowie die in Heines Hausverlag Hoffmann und Campe in Hamburg erschienenen.

1836 Die Französische Regierung gewährt Heine als politischem Emigranten eine Pension.

Heine erkrankt an Gelbsucht.

1837 Ernsthafte Augenerkrankung.

Der dritte Band des »Salon« erscheint, er enthält u. a. die Prosatexte »Florentinische Nächte« und »Elementargeister«.

1838 »Schwabenspiegel«.

»Shakespeares Mädchen und Frauen«.

1840 »Heinrich Heine über Ludwig Börne«.

Der vierte Band des »Salon« mit den »Briefen über die französische Bühne« und dem Erzählfragment »Rabbi von Bacherach« sowie Gedichten und Romanzen erscheint.

1841 Begegnung mit Richard Wagner.

August: Hochzeit mit Mathilde in Saint-Sulpice.

Nach einer Auseinandersetzung über seine Denkschrift über Börne duelliert sich Heine mit dem Frankfurter Kaufmann Salomon Strauß und wird an der Hüfte verletzt.

Beginn der Arbeit an dem satirischen Versepos »Atta Troll. Ein Sommernachtstraum«.

1842 Aufenthalt in Boulogne-sur-Mer.

1843 In der »Zeitung für die elegante Welt« erscheinen »Atta Troll.

Ein Sommernachtstraum« (Buchausgabe 1847) und das Gedicht »Nachtgedanken«.
Aufenthalt in Trouville.
Begegnungen mit Arnold Ruge und Friedrich Hebbel.
Oktober–November: Heine reist nach Hamburg.
Nach der Rückkehr lernt er in Paris Karl Marx kennen.

1844 »Deutschland. Ein Wintermärchen«.
»Neue Gedichte«.
Bekanntschaft mit Ferdinand Lassalle.
Mitarbeit an den von Marx und Ruge herausgegebenen »Deutsch-Französischen Jahrbüchern«.
Juli: Zweiter Hamburg-Aufenthalt mit Mathilde.
Dezember: Nach dem Tod des Onkels Salomon Heine beginnen Erbschaftsstreitigkeiten innerhalb der Familie. Die Familienpension wird Heine nur unter der Bedingung weiterbezahlt, dass er in seinen Werken keine Familienangehörigen erwähnt.

1845 Zunehmende Verschlechterung des Gesundheitszustands Heines.
Er entgeht der für alle Mitarbeiter des »Vorwärts!« verfügten Ausweisung aus Frankreich.
Sommer: Aufenthalt in Montmorency.

1846 *September:* Besuch von Friedrich Engels in Paris.

1847 »Atta Troll. Ein Sommernachtstraum«.

1848 *Februar:* Heine arbeitet für die Augsburger »Allgemeine Zeitung« als Berichterstatter über die Pariser Februarrevolution.
Mai: Heine bricht im Louvre zusammen. Es wird eine Erkrankung an Rückenmarkschwindsucht diagnostiziert.
Krankenlager Heines in der »Matratzengruft« in der Avenue Matignon (bis zum Tod 1856).

1849 Arbeit an den Gedichten der »Romanzero«-Sammlung.

1850 Heine schreibt an seinen »Memoiren«.

1851 »Romanzero« (Gedichte).
»Der Doktor Faust« (Tanzpoem).

1853 Arbeit an der »Lutetia«, einer Sammlung aus den Berichten für die Augsburger »Allgemeine Zeitung«, und an der Schrift »Die Götter im Exil« (beide 1854 in den »Vermischten Schriften«).

1854 »Vermischte Schriften« (3 Bände).

1855 Besuche seiner Freundin Elise Krinitz (»Mouche«).
November: Die Geschwister Charlotte und Gustav kommen nach Paris.

1856 *17. Februar:* Heine stirbt in Paris und wird drei Tage später auf dem Friedhof Montmartre beerdigt.